狮鹫计划、美国军用流通券、二战意大利伞兵

战争事典 之 热兵器时代④

WAR STORY

指文董旻杰工作室 著

台海出版社

图书在版编目（CIP）数据

战争事典之热兵器时代 . 4, 狮鹫计划、美国军用流
通券、二战意大利伞兵 / 指文董旻杰工作室著 . -- 北京：
台海出版社 , 2018.10
ISBN 978-7-5168-2127-5

Ⅰ . ①战… Ⅱ . ①指… Ⅲ . ①军事史 – 史料 – 世界 –
现代 Ⅳ . ① E195

中国版本图书馆 CIP 数据核字 (2018) 第 219831 号

战争事典之热兵器时代 4：
狮鹫计划、美国军用流通券、二战意大利伞兵

著　　者：指文董旻杰工作室

责任编辑：俞滟荣　　　　　　　　　策划制作：指文文化
视觉设计：舒正序　　　　　　　　　责任印制：蔡　旭

出版发行：台海出版社
地　　址：北京市东城区景山东街 20 号　　邮政编码：100009
电　　话：010 – 64041652（发行，邮购）
传　　真：010 – 84045799（总编室）
网　　址：www.taimeng.org.cn/thcbs/default.htm
E – mail：thcbs@126.com

经　　销：全国各地新华书店
印　　刷：重庆共创印务有限公司
本书如有破损、缺页、装订错误，请与本社联系调换

开　　本：787mm×1092mm　　　　　1/16
字　　数：242 千　　　　　　　　　印　　张：14
版　　次：2018 年 10 月第 1 版　　　印　　次：2018 年 10 月第 1 次印刷
书　　号：978-7-5168-2127-5

定　　价：59.80 元

出版寄语

人类战争舞台上，金戈刀兵之声业已响彻千年。工业革命犹如一支魔法指挥棒，演绎出巨炮轰鸣、硝烟肆虐的壮丽合唱。"热兵器时代"丛书将为读者谱写战争史上这一段最为辉煌绚烂的乐章。

——蒙创波，"点兵堂"军事公众号主编，著有《长空闪电-P38 战机全传》等

人类历史就是一部厚重的战争史，战争贯穿着整个人类的发展历程。而热兵器战争在整个战争史中的地位举足轻重，其惨烈程度、吞噬生命的体量也远胜于以往任何时代，只有了解它的可怕，才能让处于和平时代的我们更加敬畏战争，珍惜来之不易的和平。指文新推出的"热兵器时代"丛书正是从这个角度来剖析近现代战争，而这套丛书由国内军事刊物界前辈、素以严谨著称的董旻杰老师执牛耳，让文章的质量和深度得到了保障，想必也会给读者们带来一场视觉上的饕餮盛宴。

——张向明，著有《基辅 1941：史上最大的合围战》

恭贺"热兵器时代"丛书首本付梓，预祝这套丛书在军事出版界开创一番与众不同的天地，带给军迷一份别具风味的精神食粮。

——谭飞程，著有《赣北兵燹：南昌会战》《鏖兵江汉：武汉会战》等

战争是人类历史发展中重要的一环，在千百年的发展中形成了独特的艺术。微观上看，战争是残酷血腥的生死厮杀；宏观上看，战争又是宏大辉煌的国力博弈。我们可以避免战争的发生，但不可能忽略战争的存在。以史为镜可以知兴替，好友董旻杰是战争史研究方面的专家，他的"热兵器时代"丛书正是以此为理念，向读者再现战争艺术的魅力。

——高智，著有《长空鹰隼：二战德国 Bf 109 战斗机战史》等

战争，从未改变。值此"热兵器时代"丛书付印，在热兵器时代跌宕起伏的华丽篇章和战争秘辛，董老师将为读者们娓娓道来，实为军事爱好者的一大幸事。

——丁雷，著有《天火焚魔：美军对日战略轰炸全史（1942-1945）》等

目 录
— CONTENTS —

前言 / 1

美国军用流通券概览 / 2

天降闪电
二战意大利伞兵 / 37

折翅的"狮鹫"
希特勒的奇想破灭细考 / 73

从"全甲板攻击"到"大型特混舰队"
二战美国航母战术的升华 / 134

"悍妇"出击
美军潜艇在日本海的冒险行动 / 197

前言
—————— PREFACE ——————

  第二次世界大战中，美国政府为了防止敌军利用货币打击美国经济，发明了一种供海外服役的美国军人使用的货币——美国军用流通券。这种军用货币始于套印"HAWAII"褐色印记的美国小面值货币及北非黄色印章纸币，先后在 22 个国家和地区流通。到二战后期，它与狗牌、作战靴、C 口粮一起，成为越战期间美国军人鲜明而生动的战时记忆。《美国军用流通概览》分析了美国军用流通券诞生的历史背景，对"夏威夷套印纸币""北非纸币"等早期币种及 1946—1973 年由美国军方设计、发行的 15 个系列进行了重点介绍，再现了美国军方与敌军情报机构、当地黑市围绕军用流通券展开的一系列经济斗争。

  意大利人是跳伞试验的先行者，意大利伞兵部队的组建却因陆、空两军间的隔阂而困难重重。意大利的第一支伞兵部队——第 1 利比亚航空步兵营是空军元帅伊塔洛·巴尔博在二战爆发前夕的 1938 年瞒着罗马当局组建的，地位像私生子一样尴尬，意大利陆军直到 1940 年 7 月才组建了正规的伞兵部队。然而，意大利伞兵的成长却非常迅速，其战斗历程与德军的"绿色魔鬼"、英军的"红魔"、美军的"呼啸之鹰"相比也毫不逊色。《天降闪电：二战意大利伞兵》回顾了这支劲旅的历史沿革及作战经历，并对 1943 年意大利投降前及 1943 年—1945 年由意大利本国生产的北意大利的伞兵制服、装备和徽章作出了解析。

  在美国电影《坦克大决战》（Battle of Bulge）中，"狮鹫"行动中伪装成美军宪兵的德军部队改路标、杀工兵、占油库，还将美军增援部队出发的消息报告给己方部队，几乎无所不能。然而实际情况又是怎样的呢？《折翅的"狮鹫"：希特勒的奇想破灭细考》由董旻杰、谭星两位老辣的作者操刀，从存世不多的资料中抽丝剥茧，在严密考证的基础上，摒去千篇一律的常谈与戏说，将"狮鹫"行动全程、斯科尔策尼筹建第 150 装甲旅的细节、美军情报部门的反扑刻画得妙趣横生，忠实记录了希特勒的奇想破灭怎样一步步被美军折断翅膀。

  1942 年，遵循"全甲板攻击"的美国海军航母部队，与秉持"航母集中主义"的日本海军机动部队在太平洋上展开了惨烈的对碰。珊瑚海、中途岛、东所罗门、圣克鲁兹，1942 年的四场航母大会战中，美军付出了三艘大型航母被击沉的巨额"学费"，这令精明的美国人清楚地看到了两种战法的优劣，"全甲板攻击"战术在血与铁的激荡中进一步升华。其中的来龙去脉，敬请一览《从"全甲板攻击"到"大型特混舰队"：二战美国航母战术的升华》。

  1945 年 5 月 27 日，美国海军潜艇部队秘密派出 9 艘装有调频声呐的潜艇，组成一支代号为"悍妇"的潜艇编队，意图经过水雷密布的对马海峡潜入日本海，执行摧毁日本船只的任务，再从宗古海峡撤回珍珠港，行动代号"巴尼行动"。"巴尼行动"击沉了 28 艘日本船只，重创了日军，但其战略价值却在战后受到了质疑，认为这次行动是潜艇部队指挥官洛克伍德为"刺鲅"号的沉没进行的一场复仇。《"悍妇"出击：美军潜艇在日本海的冒险行动》完整地记录了这次惊险的潜艇行动，包括这次行动的策划、准备过程及调频声呐从研发到正式应用于潜艇编队的过程等。于力的文字颇有画面感，在读到美军潜艇通过水雷区域时，也不由得要为其捏把汗。

2018 年 8 月

美国军用流通券概览

作者

赫英斌

在战争中，货币也可能成为一种武器。美国军用流通券（Military Payment Certificate，M.P.C），也可称为"军用代金券"，是海外服役的美国军人使用的一种货币。美国军方使用军用货币的习惯是在第二次世界大战期间形成的。到二战后期，由美国军方设计的军用流通券已投入使用。军用流通券与狗牌、作战靴、C口粮一起，成为越战期间美国军人鲜明而生动的战时记忆。此外，越战中也有其他一些参战国拥有自己的军用流通券，例如当时支援越南的中国。这些由中国军方设计的军用代金券仅供援越部队使用，禁止在越南市场上流通，每月按干部工资、战士津贴等类目发放到援越官兵手里，只能在越南境内的援越部队军人服务社购买牙膏、牙刷之类的日常生活用品。

美国军用流通券的使用实际上始于套印"HAWAII"（夏威夷）褐色印记的美国小面值货币及北非黄色印章纸币。日军偷袭珍珠港后，美国政府担心日军会借此机会入侵夏威夷群岛，利用货币打击美国经济，于是紧急将1935A系列的1美元银圆券及联邦储备券的5美元、10美元、20美元纸币套印上了褐色"HAWAII"字样。这套夏威夷套印纸币不仅背面有大大的褐色"HAWAII"，正面两端的居中位置也分别设计了一个竖直排放的小"HAWAII"，两个小小的"HAWAII"套印都朝向中间的人物图案。夏威夷套印纸币于1942年6月25日首次发行，当地政府于7月15日命令所有夏威夷居民将没有印记的纸币换成套印纸币。8月15日后，除获得特殊许可外，任何人不得使用其他纸币。此次兑换共召回货币2亿多美元，由于时间急迫，军方官员选择直接将所有召回的货币销毁，而不是在克服后勤运输问题后将这些货币运回美国本土。销毁召回货币的任务最后落在了当地火葬场头上。为确保这些纸币被完全销毁，工作人员还在烟囱顶部安装了细金属孔网，以防止未燃烧完全的纸币飘走。由于销毁进展仍旧缓慢，军方为此还征用了一座糖厂的大火炉。之所以将夏威夷地区的纸币加上套印，是因为这样很容易就能辨认出眼下正在流通的货币，如若日军侵占夏威夷岛屿，美国政府就可以立即宣布未加套印的纸币失效，日本也就无法利用仿造货币来伤害美国的经济。

有了发行夏威夷套印纸币的经验后，美国政府又于1942年参加北非战役后在北非战场推行了一种加盖了黄色印章的纸币，以满足战争的需要。这种纸币也被收藏家称为"北非纸币"（North Africa notes），由1935A系列的1美元、1934A系列的5美元、1934系列的10美元、1934A系列的10美元纸币构成。所有这些纸币都加盖了黄色印章，而非常规的蓝色印章。和夏威夷套印纸币的情况一样，这种加盖了黄色印章的纸币成功规避了德国利用缴获或仿造的货币来贬损美国经济的风险。参与北非战事的所有美国军事人员的薪金都用这种带有黄色章印的纸币支付，他们可以用这些纸币来购置梳洗用品等私人物品。

北非纸币对一些刚入门的钱币收藏爱好者来说还有些陌生，因为这种纸币不像夏威夷套印纸币那样带有明显的套印标记，黄色章印的来龙去脉也鲜有人能说清。更为糟糕的是，纸币上的黄色章印还会因流通过程中可能发生的一些化学反应而变得模糊，增加了辨识真伪的难度。庆幸的是，当时并没有人出于利益的动机去利用这种纸币捣乱。

美国军用流通券之所以在后来得到了发展，实际上是为了满足二战后留在欧洲

▲ 套印了"HAWAII"的1美元银圆券。

▲ 套印了"HAWAII"的5美元纸币。

▲ 套印了"HAWAII"的10美元纸币。

▲ 套印了"HAWAII"的20美元纸币。

▲ 1935A系列的1美元北非纸币，该种纸币只印刷了14.4万元。流通价值25美元左右，收藏价值150美元左右。

▲ 1934A系列的5美元北非纸币，该种纸币印刷了超过1600万元。

▲ 1934系列的10美元北非纸币。1934系列10美元北非纸币比1934A系列10美元北非纸币要少得多。

▲ 1934A系列的10美元北非纸币，该种纸币共印刷了2200万元。

的美国军事人员对美元的需求。在欧洲的美军占领地区，居民因不清楚当地政府将来会怎么样而不肯相信本土货币，更喜欢像美元这样稳定的货币，也愿意以非官方汇率接受美元支付。美国军人工资采用美元支付，军人可以无限量地以黑市汇率兑换当地货币，也是危害当地货币市场的因素之一。相比政府规定的汇率，军人们可以从黑市兑换到更多的本土货币。黑市的兑换率并不稳定，越发达的黑市，汇率就越高。这种投机套利的方式在使美元更加利于持有的同时，也加剧了当地的通货膨胀，阻碍了稳定当地经济的计划。

　　为了杜绝这种投机套利的活动，美国军方制定了军用流通券计划。这里首先需要提到的是美国军用流通券的测试版——A 元，也可称为"A 型军票"。在二战后期，军方已经储备了大量由美国政府印刷的 A 元。A 元由 10 钱、50 钱、1 元、5 元、10 元、20 元和 100 元共七种面额组成，其印刷交付量分别为 10 钱 9345.6 万张、50 钱 7666.8 万张、1 元 6617.6 万张、5 元 2984 万张、10 元 5188 万张、20 元 450.6 万张、100 元 914 万张，A 元总计印刷量是 3.31666 亿张。美国军方原本计划在战争结束后将 A 元投入朝鲜，作为占领区的货币。A 元也的确在 1945 年 9 月 7 日到 1946 年 7 月 10 日期间被用作朝鲜地区的通用货币。后来美国军方发现韩国当地的银行体系有足够的货币维持经济需要，A 元才被撤回并保存了起来。

与 A 元相对应的，还有 B 元，也可称为"B 型军票"。A 元和 B 元纸币上都带有"100 系列"字样，最初发行的 B 元纸币与 A 元一样有七种面额，1951 年后引入了 1000 元的面额。1945 年 9 月 6 日到 1948 年 7 月 15 日，B 元曾供日本平民使用过一段时间。其实早在 1945 年 4 月 1 日美军登陆冲绳前，美国军方就为军事人员发行过一批 B 元纸币。1945 年 4 月 1 日到 1958 年 9 月 30 日期间，这批 B 元纸币几乎一直在琉球群岛流通，成了二战时期美国使用时间最长的军用货币。1958 年 9 月 16 日，琉球群岛高级专员、琉球群岛陆军总司令唐纳德·普伦蒂斯·布思中将（Donald Prentice Booth）发布公告，将 B 元兑换成美元，汇率是 120 B 元兑换 1 美元，而当时日本本土的汇率是 360 元兑换 1 美元。军事人员持有的 B 元纸币只在 1946 年 7 月 19 日到 1946 年 9 月 30 日这段时间以 A 元纸币替代，之后 A 元撤回，继续发行 B 元。之所以会短时间地使用 A 元，实际上是美军为了推行军用流通券计划而进行的一次尝试，想看看军用流通券是否有助于抑制黑市经济。测试成功之后，美国军用流通券就正式在世界各地投入使用了。

从 1946 年至 1973 年，美国共设计了 15 个系列的军用流通券，分别是 461 系列、471 系列、472 系列、481 系列、521 系列、541 系列、591 系列、611 系列、641 系列、

◄ 盟军军事司令部1946年发行的10
钱A元正背面。

◄ 盟军军事司令部1946年发行的50钱A元正背面。

◄ 盟军军事司令部1946年发行的1元A元正背面。

◄ 盟军军事司令部1946年发行的5元A元正背面。

◄ 盟军军事司令部1946年发行的10元A元正背面。

◄ 盟军军事司令部1946年发行的100元A元正背面。

▲ 盟军军事司令部1946年发行的20元A元正背面。

651 系列、661 系列、681 系列、691 系列、692 系列和 701 系列。最后只发行了 13 个系列，691 系列和 701 系列这两个系列被销毁。发行期间，美国军用流通券先后在 22 个国家和地区流通，有 4 个系列在越战期间的越南投入使用。

	系列名称	发行时间	撤销时间
	投入使用的 13 个美国军用流通券系列的发行情况		
1	461 系列	1946 年 9 月 16 日	1947 年 3 月 10 日
2	471 系列	1947 年 3 月 10 日	1948 年 3 月 22 日
3	472 系列	1948 年 3 月 22 日	1951 年 6 月 20 日
4	481 系列	1951 年 6 月 20 日	1954 年 5 月 25 日
5	521 系列	1954 年 5 月 25 日	1958 年 5 月 27 日
6	541 系列	1958 年 5 月 27 日	1961 年 5 月 26 日
7	591 系列	1961 年 5 月 26 日	1964 年 1 月 6 日
8	611 系列	1964 年 1 月 6 日	1969 年 4 月 28 日
9	641 系列	1965 年 8 月 31 日	1968 年 10 月 21 日
10	651 系列	1969 年 4 月 28 日	1973 年 11 月 19 日
11	661 系列	1968 年 10 月 21 日	1969 年 8 月 11 日
12	681 系列	1969 年 8 月 11 日	1970 年 10 月 7 日
13	692 系列	1970 年 10 月 7 日	1973 年 3 月 15 日

1946 年 9 月 16 日，美国第一种军用流通券 461 系列发行，被投放至奥地利、比利时、英国、法国、德国、希腊、匈牙利、冰岛、意大利、日本、韩国、摩洛哥、荷兰、菲律宾、琉球群岛、苏格兰、特里亚斯特、南斯拉夫这 18 个国家和地区。此后，美国军用流通券开始有了 5 美分、10 美分、25 美分、50 美分、1 美元、5 美元、10 美元这几种面额，直到 1968 年才开始引入 20 美元的面额。军用流用券在指定的使用区（即 MPC 区）可以完全兑换成美元，军事人员休假时也可以将其兑换成当地货币（反之亦然），未经批准的人员理论上不得拥有军用流通券，这样就可以消除美元对当地经济的影响。在流通券正面背面，印有相应的使用文字说明"for use only in United States military establishments by United States authorized personnel in accordance with applicable rules and regulations"，表明仅供经美国批准的美国军事机构人员按相关的法律、法规使用。

1947 年 3 月 10 日，461 系列军用流通券退出流通，并于同一天发行 471 系列。

471 系列的发行面值不到 1.81 亿美元，供 17 个国家的军人使用。471 系列由波士顿都铎出版社（Tudor Press）印刷，其设计与早期的 461 系列一模一样。

代替 471 系列的 472 系列也由波士顿都铎出版社印刷，相比以前发行的流通券，472 系列采用了一些新设计。该系列流通券正面的主体图案是美军陆军徽章，背面则是另一种美军陆军徽章的装饰图案，整张流通券看上去就像一张带有存根的支票。后来的 481 系列累计发行了约 3.3 亿美元，在 18 个国家流通，由都铎出版社和福布斯平版印刷公司承担印刷，该系列是美国军用流通券中第一个采用古典风格图案设计的系列。

521 系列是美国军用流通券中比较整齐的系列，该系列由福布斯平版印刷公司负责印刷，这也是福布斯平版印刷公司首次独立承担军用流通券的印刷。521 系列的设计与以前发行的流通券不同，主要体现在两个方面：一是 521 系列的面额印在流通券的正、背两面，打破了将面额印在正面的传统；二是将"真正的人"纳入 1 美元、5 美元和 10 美元流通券的设计中，而不是继续延续古典风格图案的设计。1954 年 5 月 25 日到 1958 年 5 月 27 日期间，521 系列在 19 个国家流通，共发行了近 3.17 亿。

541 系列是由都铎出版社印刷的最后一个军用流通券系列，从 5 美分到 10 美元共 7 种面额在 14 个国家流通，票面价值约 2.72 亿。591 系列是由福布斯平版印刷公司印制的最后一个军用流通券系列，这个系列都有一个开头和结尾字母都是 G 的序列号。该系列仅在塞浦路斯、冰岛、日本、韩国、菲律宾流通过，使用时间是 1961 年 5 月 26 日至 1964 年 1 月 6 日。由于需求较少，该系列的票面价值仅 9400 万。

611 系列军用流通券只在塞浦路斯、日本、韩国、利比亚使用，发行面值不到 1.14 亿。该系列部分面额的流通券图案丰富多彩，但设计上并不是很有想象力，这是第一个由雕版和印刷局（Bureau of Engraving and Printing）印刷的军用流通券系列。

越南战争早期，南越经济遭到了黑市的重创。这些黑市规模较大，又有严密的组织性，靠着非法买卖外汇、印制假币发横财。与在其他战争中的做法一样，美国军方于 1965 年开始印制军用流通券，以恢复民众对当地货币的信心。这种军用流通券仅供作战区域使用，除美国军人外，任何未经授权的人员不能合法持有。尽管美国军方管控严格，还是有不少军用流通券通过当地商人流入黑市。

在越南首次露面的军用流通券是 641 系列，该系列也仅在越南流通过。641 系

▲ 461系列10美分军用流通券。该系列面额印刷量如下：5美分761.6万张，10美分 806.4万张，25美分 470.4万张，50美分403.2万张，1美元1456.6万张，5美元540万张， 10美元4080万张。

▲ 471系列5美分军用流通券，背面的使用说明非常明显，印刷数量828.8万张。

▲ 471系列10美分军用流通券，印刷数量761.6万张。

▲ 471系列25美分军用流通券，印刷数量448万张。

▲ 471系列50美分军用流通券，印刷数量403.2万张。

▲ 471系列1美元军用流通券，印刷数量4156万张。

▲ 471系列5美元军用流通券，印刷数量540万张，10美元印刷了1360万张。

▲ 472系列5美分军用流通券，印刷数量796万张。

▲ 472系列10美分军用流通券，印刷数量796万张。

▲ 472系列25美分军用流通券，印刷数量482.4万张。

▲ 472系列1美元军用流通券，印刷数量1176万张。

▲ 472系列5美元军用流通券，印刷数量420万张。

▲ 472系列10美元军用流通券，印刷数量1160万张。

▲ 481系列5美分军用流通券，印刷数量2396.8万张。该系列的背面图案（见图右）相同。

▲ 左图为481系列10美分军用流通券正面，印刷数量2306.4万张。右图为481系列25美分军用流通券正面，印刷数量1477.6万张。

▲ 左图为481系列50美分军用流通券正面，印刷数量1003.2万张。右图为481系列1美元军用流通券正面，印刷数量2548万张。

▲ 左图为481系列5美元军用流通券正面，印刷数量860万张。右图为481系列10美元军用流通券正面，印刷数量2480万张。

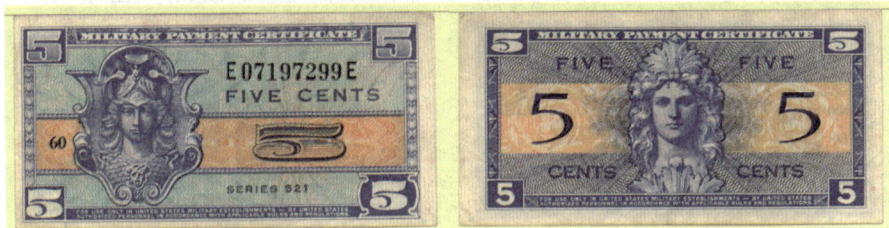

▲ 521系列5美分军用流通券，印刷数量2721.6万张。

▲ 521系列10美分军用流通券，印刷数量2688万张。

▲ 521系列25美分军用流通券，印刷数量1444.8万张。

▲ 521系列50美分军用流通券，印刷数量1108.8万张。

▲ 521系列1美元军用流通券，印刷数量2800万张。

▲ 521系列5美元军用流通券，印刷数量640万张。

▲ 521系列10美元军用流通券，印刷数量2440万张。

▲ 541系列5美分军用流通券，印刷数量1881.6万张。

▲541系列10美分军用流通券，印刷数量1881.6万张。

▲541系列25美分军用流通券，印刷数量1209.6万张。

▲541系列50美分军用流通券，印刷数量806.4万张。

▲541系列1美元军用流通券，印刷数量2016万张。

▲ 541系列5美元军用流通券，印刷数量600万张。

▲ 541系列10美元军用流通券，印刷数量2120万张。

▲ 591系列5美分军用流通券，印刷数量739.2万张。

▲ 591系列10美分军用流通券，印刷数量840万张。

▲ 591系列25美分军用流通券，印刷数量470.4万张。

▲ 591系列50美分军用流通券，印刷数量369.6万张。

▲ 591系列1美元军用流通券，印刷数量1008万张。

▲ 591系列10美元军用流通券，印刷数量680万张。

▲ 611系列5美分军用流通券，印刷数量940.8万张。

▲ 611系列10美分军用流通券，印刷数量1008万张。

▲ 611系列25美分军用流通券，印刷数量537.6万张。

▲ 611系列50美分军用流通券，印刷数量470.4万张。

▲ 611系列1美元军用流通券，印刷数量1064万张。

▲ 611系列5美元军用流通券，印刷数量280万张。

▲ 611系列10美元军用流通券，印刷数量840万张。

列于 1965 年 8 月 31 日发行，1968 年 10 月 21 日撤销，由美国政府在关岛的印刷设备印制，发行时适逢美军第一支主要战斗部队抵越。共有 7 种面额，印刷总面值超 2.83 亿。由于大批赴越老兵在撤离越南的过程中携带了大量 641 系列流通券，所以该系列并不罕见。

美国军方会不定时地更换使用中的军用流通券，这种方法既可以避免军用流通券成为东道国的主要货币，破坏当地的货币体系，伤害当地的经济；又可以防止黑市流通、伪造军用流通券，减少军用流通券的囤积。更换军用流通券系列的这一天被称为"更换日（Conversion Days）"或者"C 日（C–Day）"。军方的每次更换，都会引入一种新的流通券系列，而之前使用的系列会变得一文不值。

在越南，"更换日"属于机密，不会事先告知。在"更换日"这天，基地会对平民关闭，也会限制士兵外出，以防止士兵帮助当地的酒吧、妓院等黑市商人兑换流通券。得到消息的本地商人会冲到基地门前，试图进入基地，或者想方设法地将手上的旧流通券交给美军大兵去兑换。美国军方对军用流通券兑换过程的周密管控，致使许多越南商人因为无法兑换新流通券而痛失积蓄。蒙受损失的商人会在"更换日"的次日夜间对附近的美军基地发起报复性的攻击。此外，一些美国军人抱有侥幸心理，以为可以通过与黑市商人兑换流通券发家致富，但其实美国军方对新军用流通券的兑换限额也有着严格的监管规定。

在第一批军用流通券投入使用之初，伪造军用流通券便成为美国军方亟须面对的问题。在伪造军用流通券最为猖獗的西贡华埠地区，一场利用造假者发起的经济战争正在悄无声息地展开。北越情报工作者先是利用缴获的合法南越货币在华埠地区以例如1:50的高兑换率兑换假的军用流通券，然后又在黑市花掉这些假流通券。黑市经营者往往会利用这些假流通券跟毫无戒心的美国士兵交换——这些美国士兵还幻想着能用低价购来的旧流通券兑换更多的新流通券，从中大赚一笔。

除美军外，南越的其他盟国也发行了自己的军用流通券。泰国和韩国也使用了美国政府在关岛的印刷设备印制自己的军用流通券，这也使得南越货币的使用情况进一步复杂化。

641系列后的651系列军用流通券是一个比较奇怪的系列，实际上仅发行了约5300万面值。651系列于1969年4月28日发行，日本发行仅20天后就被撤回，利比亚也于1969年6月11日撤回；但该系列仍被允许在韩国流通，直到1973年11月19日撤回。651系列军用流通券也就只在这三个国家流通过。

第二种投放到越南的军用流通券是661系列，该系列现在非常常见，共发行了约2.89亿美元面值。该系列首次发行是在1968年10月21日，1969年8月11日撤销，共有8种面额。其重大创新在于引入了20美元面额的钞票，之前所有的军用流通券都仅发行过5美分、10美分、25美分、50美分、1美元、5美元、10美元7种面额。

681系列是在越南服役的美国军人最喜爱的军用流通券系列，也颇受收藏家的喜爱。这套流通券的票面图案融入了丰富的越战军事元素，使这个系列有了浓郁的年代感，收藏价值也随之攀升。该系列在1969年8月11日至1970年10月7日期间的越南流通，有包括20美元在内的8种面额，发行面值2.14亿。因为印刷量很大，至今仍非常常见。

691 系列军用流通券从来没有真正进入流通。该系列流通券运到韩国后，又被运回了美国，被雕版和印刷局判定为不适合发行，在 20 世纪 90 年代被集中销毁。现在可以买到 1 美元、5 美元、10 美元和 20 美元的该系列流通券，这部分流通券是在销毁时被个人设法保留的，因为从未流通且数量稀少，所以收藏价值也高得多。相对而言，5 美元和 10 美元是最稀少的，1 美元较为常见，20 美元介于两者之间。

692 系列是在越南使用的最后一个军用流通券系列，也是 1946—1973 年间票面图案设计得最美国化的一个系列。该系列由雕版和印刷局设计，采用了清晰的美式图案，例如鹰、野牛和印第安人等。该系列流通券有 5 美分到 20 美元这 8 种面额，在 1970 年 10 月 7 日第一次发行，1973 年 3 月 15 日撤销，成为最后一个官方发布的军用流通券系列。

701 系列是最后一个被印刷出来的美国军用流通券系列，由华盛顿的雕版和印刷局负责生产，也有从 5 美分到 20 美元这 8 种面额。这个系列在设计方面取得了显著进步，使其看上去像是在 21 世纪才被印刷出来的。该系列曾计划用于越南，实际上从未真正发行并进行流通，因而十分罕见。尽管如此，仍有一些包括 1 美元、5 美元、10 美元和 20 美元面额在内的流通券逃脱了被销毁的命运，在收藏市场中辗转。

在被新的军用流通券系列取代后，每个旧的系列都会统一进行清算、销毁。尽管如此，仍有不少越战时期的军用流通券落入收藏家手中。这些流通券主要通过越南货币商和在线拍卖行进行交易，曾有美国老兵在胡志明市看到越战时期的军用流通券在成捆地出售。

在越南服役的美国军人禁止持有美元、美钞等一切"美国绿"，国内寄来的现金也不可以。美国军方也竭尽可能地阻止部队之间兑换美元，并不断强调，驻越美军持有的"美国绿"一旦流入南越市场，就会被北越设法获得，然后用这些资金从世界市场购买对付美国的武器。

举例说明一个越战时期典型的美国军用流通券流动周期：在 20 世纪 70 年代中期，一名在越南服役的美国士兵可能会收到国内亲戚朋友寄来的价值 100 美元的标准美国货币；他可以在南越的"商业区"将这 100 美元兑换成 180 元美国军用流通券，然后他还可以将 180 元的美国军用流通券以高于法定汇率约两倍的黑市汇率兑换成南越货币；如果这名士兵拿着这笔钱去消费或自由支出，并以低成本的当地货币来支付，相当于他获得了高额的回报。

随着世界军事、政治和经济的发展，作为军事冲突产物的美国军用流通券退出了历史舞台。但作为历史的见证，它的存在仍具有非常丰富的历史意义和收藏价值。

▲ 641系列5美分军用流通券，印刷数量2284.8万张。

▲ 641系列10美分军用流通券，印刷数量2352万张。

▲ 641系列25美分军用流通券，印刷数量1209.6万张。

▲ 641系列50美分军用流通券，印刷数量1142.4万张。

∧ 641系列1美元军用流通券，印刷数量3304万张。

∧ 641系列5美元军用流通券，印刷数量680万张。

∧ 641系列10美元军用流通券，印刷数量2040万张。

∧ 651系列10美分军用流通券，印刷数量403.2万张。

▲ 651系列25美分军用流通券，印刷数量268.8万张。

▲ 651系列1美元军用流通券，印刷数量672万张。

▲ 651系列5美元军用流通券，印刷数量160万张。

▲ 651系列10美元军用流通券，印刷数量360万张。

▲661系列5美分军用流通券，印刷数量2352万张。

▲661系列10美分军用流通券，印刷数量2352万张。

▲661系列25美分军用流通券，印刷数量1344万张。

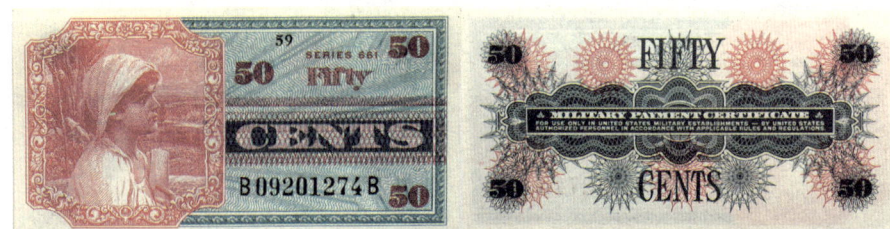

▲661系列50美分军用流通券，印刷数量1008万张。

▲ 661系列1美元军用流通券，印刷数量3304万张。

▲ 661系列5美元军用流通券，印刷数量720万张。

▲ 661系列10美元军用流通券，印刷数量480万张，正面图案为"联合与文明"，背面图案为谷类和耕作女神克瑞斯。

◀ 661系列20美元军用流通券，印刷数量800万张，由华盛顿特区的雕版和印刷局设计。正面图案是漂亮的年轻女士，由F.T.霍维（F. T. Howe）雕版。背面图案为花束，由爱德华·R.费尔弗（Edward R. Felver）雕版。

▲ 681系列5美分军用流通券，印刷数量1411.2万张。

▲ 681系列10美分军用流通券，印刷数量1411.2万张。

▲ 681系列25美分军用流通券，印刷数量873.6万张。

▲ 681系列50美分军用流通券，印刷数量672万张。

▲ 681系列1美元军用流通券，印刷数量2240万张。正面图案为飞行员，背面图案是编队飞行的F-100战斗机。

▲ 681系列5美元军用流通券，印刷数量480万张。

▲ 681系列10美元军用流通券，印刷数量320万张。流通券正面中央的图案是一名头戴绿色贝雷帽的特种部队二级军士长在一个典型的越南村庄前，这名军士长拿着的是M14步枪；正面两侧的图案是一名士兵站在一架直升机旁的景象。流通券背面的图案是一辆M48A4坦克。由亚瑟·W.蒂塔曼（Arthur W. Dintaman）雕版。

▲ 681系列20美元军用流通券，印刷数量640万张。正面图案是佩戴钢盔的士兵肖像，背面图案是B-52轰炸机。

▲ 691系列1美元军用流通券，印刷数量1344万张。

▲ 691系列5美元军用流通券，印刷数量320万张。

< 691系列10美元军用流通券，印刷数量320万张。正面图案是女性头像，背面是年轻女士肖像。

▲ 691系列20美元军用流通券，印刷数量480万张。正面图案是戴着帽子的女子，背面是雄鹰。

▲ 692系列5美分军用流通券，印刷数量1411.2万张。

▲ 692系列10美分军用流通券，印刷数量1411.2万张。

▲ 692系列25美分军用流通券，印刷数量873.6万张。

▲ 692系列50美分军用流通券，印刷数量672万张。

▲ 692系列1美元军用流通券，印刷数量2240万张。流通券正面的图案是一个令人印象深刻的、象征自由的年轻女子和鲜花，由伦恩·巴克利（Len Buckley）设计。这个图案后来又被用在其他许多票据上。流通券背面的图案则是巴勃罗美洲野牛（Pablo），这个图案最初由查尔斯·奈特（Charles Knight）在华盛顿动物园勾勒出、马库斯·鲍德温（Marcus Baldwin）雕版。巴勃罗美洲野牛图案也曾出现在1901年的10美元纸币和1922—1926年的30美分邮票上。

▲ 1901年10美元纸币的正背面。正面中间的图案是巴勃罗美洲野牛，左侧是刘易斯，右侧是克拉克，背面图案是"前进"。

▼ 左图为布法罗市1928年的债券，由安全票据公司（Security Bank Note Co.）印制，上面也有巴勃罗美洲野牛图案。

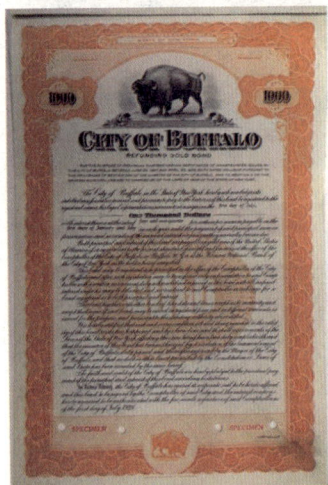

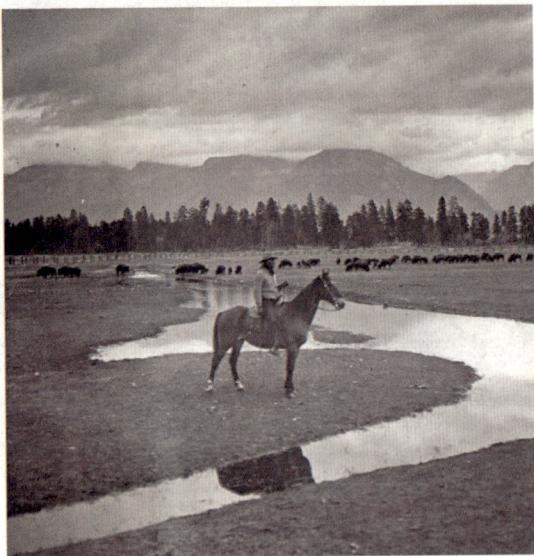

▲ 右图为蒙大拿州牧场主迈克尔·巴勃罗（Michael Pablo），照片摄于他著名的野牛牧场。迈克尔·巴勃罗是黑脚族（印第安的一个民族）女人之子，曾担任另一位牧场主查尔斯·阿拉德（Charles Allard）的翻译。巴勃罗和查尔斯都是三十出头的年纪，母亲都是印第安人，小时候都是孤儿，相同的命运使两人志同道合——他们有志购买水牛在印第安保留地放生。1884年，他们购买了13头水牛在蒙大拿州的印第安人保留地放生。此后，巴勃罗的放生行动一直持续着。1893年，巴勃罗购买并放生了26—35头水牛。1899年，巴勃罗和安德鲁·斯特林格（Andrew Stringer）放生了250头水牛。到1906年，巴勃罗的放生总数已接近800头，被他放生的野牛已成为北美地区的主要野牛群、班夫国家公园唯一的野牛群。1906—1907年，迈克尔·巴勃罗牧场的在牧牛群已达到1万头左右的规模。他与查尔斯的成功合作，在北美大陆野牛保护中扮演了相当关键的角色。1907年6月1日到1912年6月6日，巴勃罗为加拿大当局送去了716头野牛，其中613头被送往法罗国家公园，85头被送往麋鹿岛国家公园。巴勃罗一直坚持着放生事业，直到他突然死亡。1914年7月17日是个星期天，巴勃罗去世的消息震动了他所在的社区。巴勃罗于周六突染恶病，但并不严重。当晚10点，他在试图穿过房间时跌倒了一会儿，之后便断了气。辞世时他已是当地最年长的居民之一。

▲ 692系列5美元军用流通券，印刷数量480万张。正面图案是一名象征自由的年轻女子和鲜花，背面图案是麋鹿一家。

▲ 692系列10美元军用流通券，印刷数量320万张。这张军用流通券的设计散发着浓郁的美国风情，正面图案是一位戴着全部头饰的印第安人，这是著名的印第安酋长霍洛·霍恩·贝尔，背面图案是一只张开翅膀和利爪的雄鹰。

▲ 14美分邮票上带有霍洛·霍恩·贝尔的头像。

▲ 霍洛·霍恩·贝尔（Hollow Horn Bear，约1850—1913年）在美国大平原印第安战争期间是一名拉科塔族的领袖。

▲ 胡佛水坝位于亚利桑那州的西北部，是一座拱门式重力的人造混凝土水坝，也是闻名世界的水利工程。水坝工程于1936年落成，比计划提前了两年多。

▲ 此为"证据"票据。票面上的戳记是越南相关调查单位在打击黑市兑汇等非法活动时加盖的。

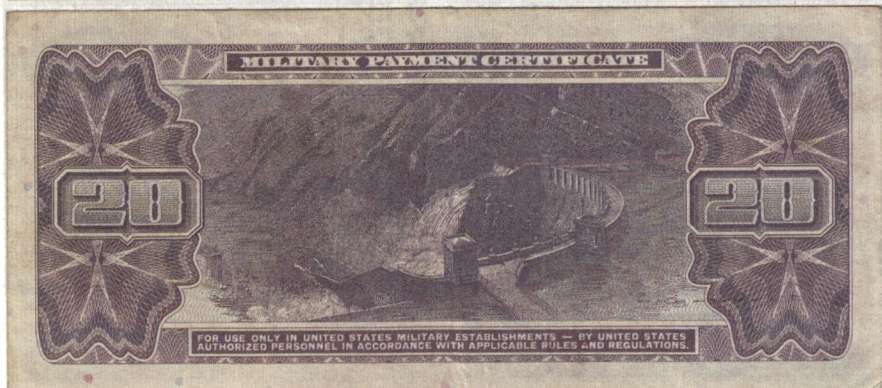

▲ 692系列20美元军用流通券，印刷数量640万张。正面图案是一名美国印第安人——犹特人酋长乌雷（Ouray，约1833—1880年），由F.H.诺伊斯（F.H. Noyes）雕版，微小的首字母"MPC"位于底部右侧酋长的左辫子处。背面图案是胡佛水坝鸟瞰图，正背面图案并不相干。

▲ 乌雷和他的第二任妻子希佩塔（Chipeta）。乌雷的第一任妻子在她与乌雷唯一的儿子出生后不久就去世了，之后乌雷娶了希佩塔。乌雷的部落位于科罗拉多州西部，因为其杰出的领导能力，美国政府承认他为犹特人的酋长。1880年，乌雷离开科罗拉多前往华盛顿，在国会前为犹特人1879年的起义作证。他曾试图与美国政府谈判，达成安肯帕格里犹特人仍居住在科罗拉多州的协议，但谈判失败了。谈判失败后的第二年，美国政府强迫安肯帕格里犹特人和怀特河犹特人迁到现在犹他州的保留地。1880年，拉瑟福德·伯查德·海斯总统在华盛顿会见了乌雷，称他是"我交谈过的最为聪明的人"。

▲ 701系列1美元军用流通券，印刷数量1344万张。正面图案是美国著名的作家华盛顿·欧文和翻开的书本，背面图案是放置有一些干草束的美国田间。

▲ 701系列5美元军用流通券，印刷数量320万张。正面图案左侧是本杰明·富兰克林在进行著名的"风筝实验"，中间是发光的灯泡，右侧是爱迪生。背面图案是雷尼尔山国家公园。

▲ 701系列10美元军用流通券，印刷数量320万张。正面图案是乔治·华盛顿的故居——弗农山庄及乔治·华盛顿，背面图案是雷尼尔山国家公园。

▲ 701系列20美元军用流通券，印刷数量1280万张。正面图案是汽船"克莱蒙特"号及美国工程师、发明家、画家罗伯特·富尔顿，背面图案是太平洋海岸线。

天降闪电：

二战意大利伞兵

作者
刘萌

纵观第二次世界大战中的伞兵，读者的脑海中总会浮现出德军"绿色魔鬼"、英军"红魔"或美军"呼啸之鹰"的身影，他们都是无畏的勇士，凭借娴熟的战技在"天生就被包围"的逆境中英勇奋战。相较而言，另一个二战主要参战国——意大利，他们的伞兵形象则显得模糊和黯淡。实际上，意大利伞兵同样是一支精锐部队，其战斗历程与其他几国相比也毫不逊色，他们甚至曾经赢得了敌人的尊敬。本文将对二战意大利伞兵的历史及其制服、单兵装备、徽章做出解析，使这支劲旅的形象饱满起来。

简要历史

意大利人是跳伞试验方面的先行者，但早期的降落伞在安全方面存在着重大缺陷。意大利最早进行跳伞试验的是亚历山德罗·圭多尼（Alessandro Guidoni）将军，1928 年他就因降落伞未能在跳伞试验中及时打开而当场殉职。此后，这场惨剧一直在军方高层的脑海中萦绕。1935 年，意大利陆军领导层中的改革者弗朗西斯科·萨

▲ 亚历山德罗·圭多尼将军。

◀ 亚历山德罗·圭多尼将军的纪念碑。

维里奥·葛拉索尼将军（Francesco Saverio Grazioli）参加了一场苏联红军的演习，他对其中红军伞兵的运用印象十分深刻。原来苏联人所展示的，就是几年前意大利军方没能玩好的那些把戏。尽管葛拉索尼将军回国后对苏联伞兵做了赞赏有加的报告，但由于意大利陆军和空军之间的军种隔阂，任何建立伞兵部队的早期尝试都化为了泡影。1936年，意大利陆军试图建立一支伞兵部队，但再次失败了。

直到二战爆发前夕的1938年3月，当时的利比亚总督伊塔洛·巴尔博空军元帅才在的黎波里（Tripoli）附近的本尼托堡（Castel Benito）成功组建了第一支伞兵部队——第1利比亚航空步兵营（Fanti dell'Aria）。该营人员来自陆军和空军的志愿者，但大多数都是当地的利比亚籍阿拉伯人。空军还在本尼托堡设立了意大利第一所跳伞学校。值得一提的是，这些都是瞒着罗马当局进行的，伞兵就像私生子一样，地位尴尬，而且巴尔博发现，说服当地土著上飞机，并让他们心安理得地从上面跳下去，比让普通意大利士兵变得勇敢起来要困难得多。同样的情况还出现在1940年5月组建的第1利比亚国民伞兵营上。1941年1月，这些部队（总数约850人）被作为步兵，部署在德尔纳（Derna）参加防御，结果被英军悉数歼灭。

意大利陆军直到1940年7月才组建正规的伞兵部队（Paracadutisti），其兵员均来自皇家宪兵（Carabinieri）。其中，第1皇家宪兵伞兵营于1940年7月1日正式组建（于1941年投入北非战场）。

但意大利伞兵的成长非常迅速。不久后，本尼托堡伞兵学校就在意大利本土的塔尔奎尼亚（Tarquinia）开办了分校，其教职人员后来成为组建"闪电"（Folgore）伞兵师的基石。第二所伞兵学校于意大利本土的维泰博（Viterbo）正式成立，以之为基础组建了另一个师——"雨云"（Nembo）伞兵师。第三个伞兵师"飓风"（Ciclone）也在酝酿之中，但1943年的停战打破了这一计划。

意大利伞兵的第一次实战发生在"罗盘行动"期间，约有一个伞兵营被空运到昔兰尼加阻击英军的追击，掩护

▲ *伊塔洛·巴尔博空军元帅。*

^ 在塔尔奎尼亚伞兵学校进行训练的意大利伞兵。

^ "雨云"伞兵师的士兵。

崩溃的利比亚集团军撤退。他们成功地完成了任务，并阻止了英军乘势占领的黎波里塔尼亚（Tripolitania）的行动。

和他们在北非的德国同行一样，意大利伞兵原本计划参加攻占马耳他的 C3 作战（德国称之为"大力神作战"）。由于攻占马耳他会对北非战场造成巨大的影响，德国及意大利最高统帅部开始制订对其的占领计划。如果该计划顺利实施，那将是继克里特岛争夺战以来，德国—意大利联合进行的最大一次空降作战。由于意大利方面已经组建了相当数量的伞兵营，意军因而有了空降作战的资本，于是把这些单位统一整编为师就变得十分迫切了。1941 年 9 月 1 日，意大利第 1 伞兵师（暂编）正式成立，编有第 1 伞兵团（第 2、第 3、第 4 营）、第 2 伞兵团（第 5、第 6、第 7 营）和第 1 伞降炮兵团。至 1942 年 7 月预定作战发起前，又编入了新组建的第 3 伞兵团（第 9、第 10 营）。C3 计划中，意大利伞兵师将在战役第二阶段空降，深入到拉巴特镇（Rabat，靠近岛中部）附近伞降，并控制那里的高地，将守军切为两段。如有必要，他们还可以得到"拉斯佩齐亚"步兵师的空运支援。但由于当时隆美尔攻占了托卜鲁克，形势一片大好，他急于向苏伊士运河前进，而没有深刻意识到马耳他这条命脉，所以该师失去了一展身手的机会。随着该计划的取消，1942 年 8 月，他们被当作地面部队增援北非。这个师被命名为"第 185 '闪电'伞兵师"（185th FOLGORE Parachute Division）。这个名字来源于拉丁箴言 *Exalto Fluor*，意为"自天而降的闪电"。其下属的第 1、第 2、第 3 伞兵团和第 1 伞降炮兵团分别更名为第 185、第 186、第 187 团及第 185 伞降炮兵团。第 185 团被调出该师（从而幸免于全军覆没），所以该师沿用了"185"这个番号。"闪电"师共计 5000 名官兵，

▲ 一幅北非战场上意大利伞兵的手绘图，注意他装备的伯莱塔M1938冲锋枪。

是两团制的轻装伞兵单位，人员和重装备都不足，每个伞兵营满员才326人。

1942年10月23日，第二次阿拉曼会战中，第185"闪电"伞兵师作为德意装甲集团军的一部分被部署于战线南翼，承受英军的猛攻。在长达15公里的阵地上该师只有80门火炮，是当面英军的五分之一。该师的兵力也只有英军的十三分之一，装甲车辆数量更是只有英军的七十分之一。尽管处于这样的绝对劣势，"闪电"伞兵师仍然斗志高昂地迎战来袭的英军，用燃烧瓶与手榴弹等近距离武器与英军坦克展开肉搏，击毁了大量英军坦克。隆美尔元帅在11月1日的家信中曾写道："'闪电'师是我方最优秀的部队之一"，英国BBC则评论道："'闪电'师残余官兵的抵抗已经超过了每一个人所能达到的极限。"

11月3日，随着德意军队的失败，"闪电"伞兵师开始徒步西撤。由于没有任何运输工具，武器、弹药、饮水等补给物资也均已消耗殆尽，"闪电"师根本不可能逃出机动能力远高于自己的英军的包围，该师的结局实际上已经注定。英军曾数次招降"闪电"师，并以骑士风度对意大利伞兵的善战表示了敬佩，但回答他们的是一片"Folgore"的呼喊声。11月6日，"闪电"师残部被英军坦克追上并包围，在打完了子弹后，军官下令破坏所有武器，静候英军的到来。有近5000名官兵的"闪电"伞兵师最后只有306名官兵幸存，有一些人甚至仍拒绝投降。该师一些孤立的

▲ 1943年据守在突尼斯仙人掌丛中的意大利伞兵。

小单位一直抵抗到 11 月 11 日，也有一些零星人员侥幸随德意志非洲军团撤离。在突尼斯，“闪电”师的残部只剩下不到一个营的兵力，在获得了意大利调来的一些后备增援后，这支部队被改编为一个战斗群——“闪电—突尼斯”战斗群，继续在北非作战。1943 年 4 月，突尼斯的泰克鲁奈山（Takrouna）战役是他们最后的战场。此外，该师的一部分人员被德国第 4 伞兵师吸收，一直战斗到战争结束。战后重建的“闪电”伞兵师仍然是意大利共和国武装部队中的一支重要力量。

意大利陆军的第二个伞兵师——第184“雨云”师于1943年组建，是以留守的“闪电”伞兵师第 185 团为基础创建的新部队。1943 年 9 月 8 日，意大利发生政变，推翻了墨索里尼领导下的法西斯政府，新政府关押了墨索里尼，并向盟军投降。在政变前不久，“雨云”伞兵师被派往撒丁岛，那里的疟疾几乎摧毁了这支部队。投入同盟国阵营的意大利南方军重建了“雨云”伞兵师（命名为“第 183‘雨云’师”），并派遣其参加了对德军和北意大利军的战斗。但也有一支“雨云”独立伞兵营加入了轴心国阵营，在德军第 4 伞兵师的麾下继续对盟军作战。

1943 年 9 月 10 日，隆美尔攻占了意大利首都罗马，控制了南至那不勒斯的意大利全境。9 月 13 日，希特勒派遣大名鼎鼎的斯科尔兹内率领党卫军突击队，协同德国伞兵，用滑翔机奇袭了墨索里尼的关押地，将其顺利救出。1943 年 9 月 23 日，墨索里尼在意大利北部小城萨罗宣布成立意大利社会共和国（Repubblica Sociale Italiana，简称 R.S.I，也被称为“萨罗共和国”，下文简称“北意大利”），自任领袖兼外交部部长，同南部的意大利王国政府分庭抗礼。

北意大利的社会共和国正规军（Esercito Nazionale Repubblicano，简称 E.N.R）包括陆军、空军、海军及共和国国家卫队（Guardia Nazionale Repubblicana，简称 G.N.R，是将前国家安全志愿民兵[①]重新整编后的民兵武装），他们都分别拥有自己的伞兵部队。

北意大利陆军下辖的三百五十多人的“雨云”独立伞兵营（实际隶属于德军第 4 伞兵师）后来被投入到 1944 年 1 月开始的安齐奥战役中。1945 年 2 月，战况越来越激烈。内图诺战线的意大利伞兵潜入海岸地区的小镇废墟，用从德军处获得的 MG42 机枪与手榴弹进行了猛烈的反击，给美军的登陆部队造成了很大的伤亡。尽管此次反击战果斐然，但他们自身也承受了高达 70% 的人员伤亡。北意大利空军

① 国家安全志愿民兵，即大家熟知的“黑衫军”，简称“M.V.S.N”。

^ 北意大利共和国国家卫队的一队伞兵。

^ 1944年6月3日，在一次成功的防御行动后，意大利伞兵与德国伞兵同时授勋，注意意大利伞兵佩戴的是德国空军伞兵作战奖章。

组建了由 3 个营组成的"闪电"伞兵团，并将其编入"阿尔迪蒂"（Arditi）战斗群。北意大利海军则编成 Xᵃ MAS（即大名鼎鼎的第十"特攻舰队"）下辖的"伞降蛙人营"（Nuotatori Paracadutist）。这支部队由意大利海军"圣马可"（San Marco）海军陆战团伞兵营的前队员志愿组成，由于志愿者大量涌入，伞降蛙人营的兵力超过 1400 人。北意大利的这些伞兵部队将和德军并肩战斗到战争结束。北意大利共和国国家卫队则拥有 300 人的"马扎瑞尼"（Mazzarini）伞兵营，这支部队从 1944 年 8 月到 1945 年一直在帕多瓦（Padovana）平原执行清剿游击队的任务。

∧ 安齐奥战役中，在小镇废墟上作战的"雨云"独立伞兵营士兵。

制服及单兵装备

在意大利伞兵草创期间，志愿者们没有专门的制服，他们的制服五花八门，来自包括陆军、空军和海军在内的原属部队。直到 1941 年，意大利伞兵统一着装的条例才正式颁布。1943 年 9 月，意大利发生政变并向盟军投降使伞兵部队的供应状况雪上加霜。之后，意大利伞兵分裂为投入国王和同盟国阵营的南意大利军，及继续为墨索里尼和轴心国战斗的北意大利军。因此，不同阵营的意大利伞兵都陆续从自己的盟友处获得战斗所需的制服和装备。需要注意的是，下面即将讲解的是 1943 年意大利投降前及 1943 年—1945 年由意大利本国生产的北意大利的伞兵制服、装备和徽章。

草创时期：1938—1941 年

意大利最早的伞兵部队是由空军元帅巴尔博在北非组建的第 1 利比亚航空步兵营和第 1 利比亚国民伞兵营。这些部队的伞兵大部分由当地的利比亚籍阿拉伯人组成。他们虽然装备了带前襟拉锁和口袋拉锁（胸部和臀部各有两个口袋）的卡

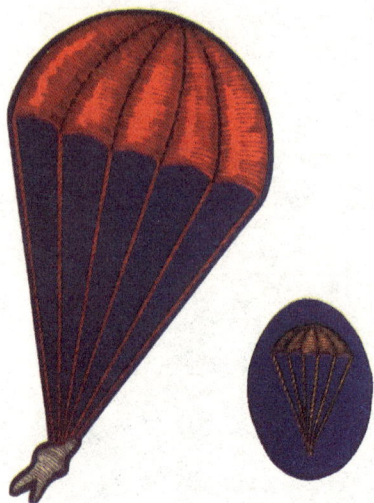

▲ 殖民地伞兵的两种自制资格章。

▲ 第1利比亚国民伞兵营士兵，其腰部围上了采用这支部队标志色设计的腰带，这是利比亚部队和殖民地部队的特色，注意地上摆放的D39型降落伞。

其色连身外套，但仍缺少一些必要的装备——比如钢盔和跳伞靴，而这些都是保障跳伞安全的首要物品。

第1利比亚航空步兵营和第1利比亚国民伞兵营装备了萨尔瓦多（Salvador）D39型降落伞，这是早期的D37型降落伞的至少其中一种改良版本，它带有一对肩部和腿部的绳带。身着卡其色连身外套的伞兵，通常还会在腰部围上采用这支部队标志色设计的腰带——这是利比亚部队和殖民地部队的特色，这种标志色还出现在肩章套上。士官还会在卡其色连身外套上佩戴军衔臂章，但军官不穿这种连身服。

1939年，利比亚人获得了特殊意大利国籍后，还在伞兵卡其色连身外套的衣领加上了意大利"国家银星"。在那之前，利比亚伞兵的衣领上佩戴的是造型特殊的"银制飞翼"。为了塑造这支部队的团队精神，巴尔博元帅在1938年将巨大的彩色跳伞资格章颁发给这些伞兵，但这是种非正式的行为。其制式徽章，即与意大利伞兵资格章类似的徽章版本，直到1940年12月才正式投入使用。

大部分利比亚伞兵都身穿卡其色连身外套，也有部分利比亚伞兵身穿普通士兵的绿黄色常服，他们脚上穿戴着绑腿和凉鞋，左胸前佩戴着当地自制的伞兵资格章。作为一支精锐部队，利比亚伞兵部队还为伞兵们配发了匕首。这一

▲ 配发匕首是意大利伞兵的一项惯例，海军伞兵也不例外。照片为1941年意大利海军"圣马可"陆战团下辖的伞兵，注意他们的着装是陆军M41式伞兵夹克。

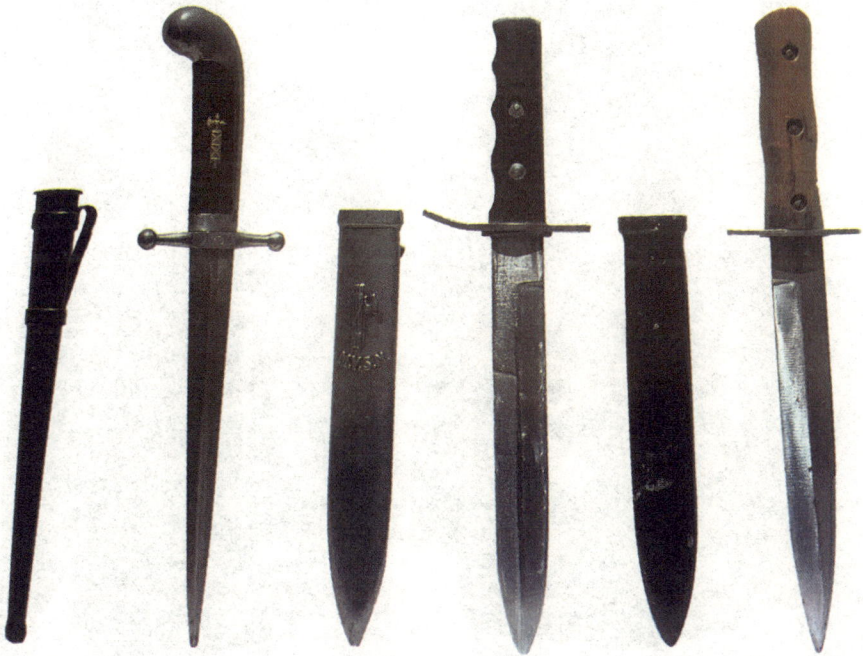

▲ 意大利伞兵装备的三种匕首，注意其握柄或刀鞘上的竖棒图案。

做法源自一战时期意军"阿尔迪蒂"突击队的传统，这种匕首是早期国家安全志愿民兵所使用的版本，握柄上有银色的束棒图案和"M.V.S.N"的字样。后来，配发匕首（通常是 M38 战斗匕首）就成为意大利伞兵的一项惯例。

意大利本土的伞兵们最早使用的是标准的陆军 M40 式制服，但不久之后，本土的伞兵部队就根据 1941 年 10 月 29 日的条令引进了一种引人注目的新款制服——M41 伞兵夹克。M41 伞兵夹克呈灰绿色，胸前的剪裁设计类似于热带地区陆军装备的"撒哈拉"（sahariana）式上衣，只是它不带肩章带和领子，腕部还有用纽扣固定的用来收紧的带子。与利比亚伞兵的连体服类似，M41 伞兵夹克的胸部也设计有两个褶饰口袋，臀部也有两个无褶口袋，可用一条布制腰带扎紧。为了与之相配，伞兵们开始采用新的标签式襟章，佩戴在领口两侧的小孔上。蓝色的襟章上有短剑（gladius，即"古罗马短剑"，以下简称"短剑"）、飞翼、星星的图案。此外，

▲一名陆军上尉的M41伞兵夹克，注意其标签式襟章的图案。

士兵还会在左上臂佩戴黄色降落伞图案的伞兵资格章以及军衔章，但军官和士官的灰底红色军衔徽章佩戴在左胸前。军官的M41伞兵夹克通常用灰绿色的羊毛制成，夹克前方的扣子是暗扣。士官和士兵的款式虽然类似，夹克前方的纽扣却是明扣。意大利伞兵通常会在这种无领夹克里面穿一件衬衫，并将衬衫的领子露在夹克外面。

M41伞兵夹克都配有长裤（没有马裤和绑腿），这种与M41夹克相匹配（主要是颜色相同）的裤子被称为"M41伞兵长裤"，于1941年正式装备。M41伞兵长裤被裁剪得很宽松，但裤脚可以用两根带子扎紧，收入跳伞靴里，意大利伞兵早期使用的是黑色橡胶底的跳伞短靴。两个裤腿前方各有一个斜口袋（设计的目的是便于取放物品），可以由后面的纽扣（两个斜口袋各有一枚）扣紧。

伞兵部队军官使用的是标准的武装带，上面挂载着手枪套和M38战斗匕首。士兵的武装带则取决于其所携带的武器，一般情况下配有两具经典的意大利式腹部挂载皮制弹药包（一般以皮带斜跨在身上）或者弹匣袋。实战中，他们通常

▲ 身穿M41伞兵夹克和长裤的意大利伞兵士兵。

还携带有水壶、刺刀、手榴弹和其他一些常见的单兵装备，其中也包括匕首——意大利伞兵通常将它们悬挂在腰间左侧。此外，还有人背负无线电设备。

1941年，一支来自皇家宪兵的部队——第3皇家宪兵伞兵营被重新编号为"第1伞兵营"，以保持这一兵种在意大利陆军中的传统优先地位。这之后，在伞兵学校接受训练的宪兵志愿者们开始穿戴新式的M40/41伞兵钢盔（他们是最先装备这种钢盔的部队），但钢盔上仍然蜡贴着宪兵的黑色帽徽，不久之后才改为伞兵兵种的帽徽——

▲ 1942年，在国内进行训练的意大利伞兵学员。注意他们均身穿M41伞兵夹克和长裤，腰带上挂着M38战斗匕首。

▲ 身穿M41伞兵夹克和长裤的意大利伞兵军官，注意其佩戴的标准武装带和手枪套。

➤ 身穿M41伞兵夹克的将军，注意他的刺绣襟章。

▲ M40/41伞兵钢盔，其外形与意大利军队制式的M33钢盔非常相似，但内部增加了反冲击垫布。

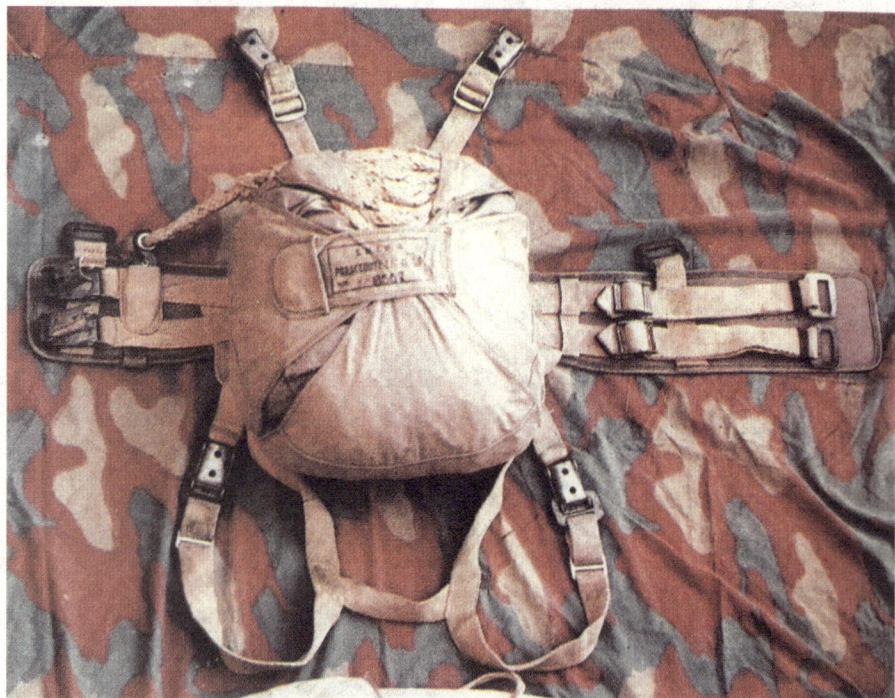

▲ IF41/SP式降落伞，相比以往的型号，其可靠性大大提高。

一把带飞翼的短剑和皇冠的图案。M40/41 伞兵钢盔在意大利陆军标准的 M33 钢盔基础上修改而来，其外形与之相似，但内部加装了反冲击垫布。此外，意大利伞兵还配备有羊毛里衬的加厚皮手套，加厚灰色帆布护膝（可以用松紧带调节）、肩垫、小腿垫（这几件中只有护膝使用最为广泛），以及橡胶底的跳伞靴。1941 年，意大利伞兵将降落伞换为更为可靠的新式 IF41/SP（IF 是 Imbragatura di Fanteria 的缩写，意为"步兵伞具"）。

意大利和北非战场时期：1942—1943 年

1941 年年末至 1942 年年初，一种新型跳伞服——M42 跳伞服开始采用并取代原来的连身外套，这种明显受到德国跳伞服影响、只有四分之三身体长度的跳伞服成为意大利陆军的第一种制式迷彩服。它由灰绿色布料或迷彩布料制成，后者采用意大利著名的 M1929 迷彩布，由森林绿色、栗棕色和浅灰绿色三种颜色的斑块组成。

▲ 身穿M42跳伞服的意大利伞兵，注意其采用的M1929迷彩布。

▲ M41/42式伞兵钢盔。前缘凸出的衬垫是其最大的特征，用于保护佩戴者的鼻子。注意图中的加厚皮手套和加厚的灰色帆布护膝。

▲ 正在进行跳伞训练的意大利伞兵，注意他身上穿着的M42跳伞服。

▲ M41/42式伞兵钢盔的内衬构造。

▲ 训练过后意大利伞兵学员的合影，他们中的大部分人都穿着跳伞服。

在跳伞穿着时，它的下摆位置可以用扣子扣住，从而包住大腿形成"短裤"样式；在北非作战的时候，它通常套在热带制服外面，并搭配棕色跳伞靴来使用。尽管还同时生产有一种浅灰绿色的版本，但在战争中最常见的还是迷彩版M42跳伞服。士兵通常会在M42跳伞服上佩戴伞兵资格章和军衔臂章，军官和士官在左胸佩戴军衔章。此外，有些意大利伞兵还爱在M42跳伞服宽阔的领子上佩戴意大利"国家银星"。

M42跳伞服常与新式的M41/42伞兵钢盔搭配使用。M41/42伞兵钢盔是M40/41钢盔的改进型，其外形非常有特点——带有减小轮廓尺寸的外形设计、Y字形脖带和前缘之下保护鼻子的衬垫。

1942年，一种用新纤维织物制作的、能装两排子弹和手榴弹的弹药腰带开始投入使用，它需要通过背带来支撑，有时候也需要将腰带扣扣在伞兵背后。手枪套和匕首也能通过 D 型环固定在这种腰带上。

跳伞时，新投入使用的 9 毫米口径伯莱塔 M1938A 冲锋枪可以通过特殊的空降包来携带。这种空降包有不同的版本，可以选择是否配备用来装弹夹和清洁工具的包。

1942 年，为搭配新装备的伯莱塔 M1938A 型冲锋枪，意大利伞兵又装备了一种被称为"日本武士"（Samurai，因外形酷似日本武士的铠甲而得名）的弹夹背心。这种弹夹背心整体用麻布制造，呈灰绿色或卡其色，其前部和后部均有数个麻布制的弹夹袋（袋口和封口带为皮制），内部可以容纳冲锋枪的弹夹（前部可以收纳 5 个，后部可以收纳 7 个），底部还有一圈装手榴弹的小口袋（可以装 6 枚手榴弹），由

▲ 意大利伞兵空降包。有不同的版本，可以携带不同的武器，右下是装步枪清洁工具的包。

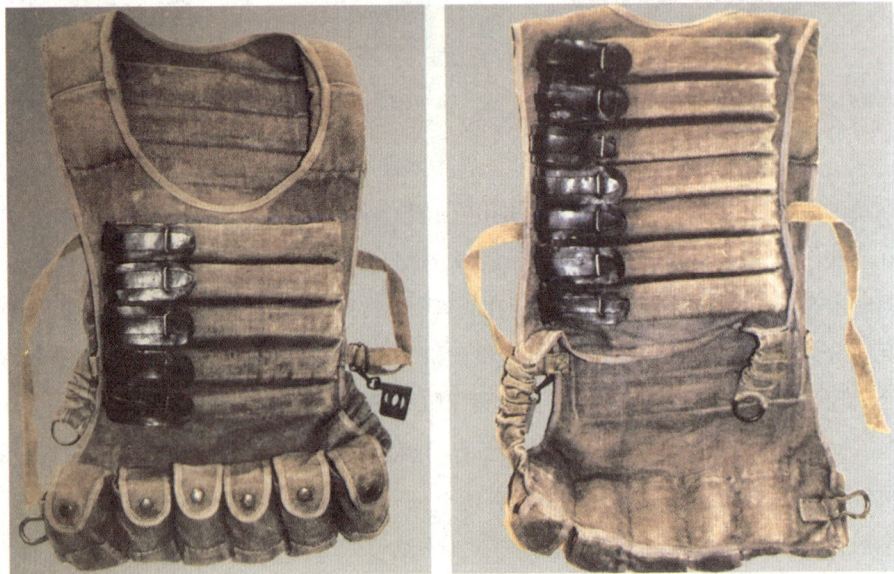

▲ 外形奇特的"日本武士"弹夹背心，整体用麻布制造，可以携带 M1938A 型冲锋枪的弹夹和手榴弹。

▲ 配有伞兵兵种帽徽的贝雷帽，供北非空军伞兵使用，因此呈卡其色。

▲ "日本武士"弹夹背心与M41伞兵夹克的搭配。

灰绿色腰带固定在战士身上，是当时独一无二的装备。

1942 年，伞兵贝雷帽也开始装备部队。这种贝雷帽的帽形与其他部队（例如一些空军特种部队和海军"圣马可"陆战团）的贝雷帽很相似，但呈灰绿色或卡其色，佩有伞兵的兵种帽徽。

1942 年 8 月，"闪电"伞兵师被匆忙派往北非，为其量身定做的新式热带制服——M42 热带伞兵夹克刚刚装备不久。M42 热带伞兵夹克以 M41 伞兵夹克为原型进行了修改，两者虽然外观非常相似，但 M42 的颜色由灰绿变成了卡其，也去掉了 M41 的内衬以缩减厚度，而且材质变成了纯棉。与之搭配的 M42 热带伞兵长裤在裁剪上与 M41 伞兵长裤基本相同，但也进行了缩减厚度的改进，颜色同样也变成了卡其色，宽松的裤口依旧被掖入新式的高腰胶底黑色皮制伞兵靴内。这种新伞兵靴同埃塞俄比亚战役期间意大利陆军的制式军靴非常相像，一共有 24 个穿鞋带的孔眼，被命名为"M41 伞兵靴"。此外，北非意大利伞兵还装备了空军 M28

▲ M42热带伞兵夹克。去掉了M41伞兵夹克的内衬以缩减厚度，而且材质变成了纯棉。

▲ M41伞兵靴。照片中的伞兵靴属于一名士官。

▲ 身穿M42伞兵夹克的意大利伞兵。

▲ 北非意大利伞兵装备的卡其色M42热带伞兵夹克，注意其佩戴的跳伞资格臂章。

热带野战略帽、带卡其色盔罩的 M41/42 式钢盔以及弹药包。弹药包用浅棕色帆布制造，且上、下两排包的袋口有所区别，下面一排是放手雷的。在非洲炎热的夏天，许多伞兵更情愿穿着舒适的短裤和长袖衬衫，甚至是赤膊上阵。热带木芯帽也得到装备并日益普遍，只是伞兵们很少在上面加上自己的兵种帽章。跳伞靴的橡胶底很容易因为沙漠的炎热而融化，它们很快就被标准的带钉头的棕色皮革版本所取代，甚至有部分意大利伞兵穿着皮质凉鞋作战。

安齐奥战役到哥特防线时期：1944—1945 年

1944 年春天，在安齐奥附近的内图诺，北意大利的精锐部队"雨云"独立伞兵营协同德军与盟军登陆部队作战。安齐奥的意大利伞兵头戴以 M1929 式迷彩布料制作的盔罩覆盖的 M41/42 式伞兵钢盔，身穿用同样的迷彩布料制成的 M42 跳伞服，也有部分意大利伞兵身穿德军"碎片"迷彩制成的跳伞服。在北意大利时期，这种迷彩布料被制成各种版本的军服。跳伞服里面是 M41 灰绿色无领夹克、高领套头毛衫，再往下则是 M41 式伞兵长裤和高腰系带 M41 伞兵靴。用灰绿色腰带系住的"日本武士"弹夹背心前后部可装伯莱塔 M1938A 式冲锋枪的弹夹，腰部上的那些小包则可以装手雷。值得注意的是，该营的襟章去掉了意大利"国家银星"的标志，其位置以刺绣的"NEMBO"代替。

北意大利空军"闪电"伞兵团的单兵装备包括 M42 跳伞服、M41 伞兵夹克、M41 伞兵长裤、M41/42 伞兵钢盔、伞兵贝雷帽、"日本武士"弹夹背心等意大利伞兵的典型装备。需要注意的是，空军的 M41 伞兵夹克、长裤与陆军的颜色不同，呈灰蓝色，而且空军伞兵经常在夹克里面穿高领套头毛衣，而非衬衫。北意大利空军伞兵的襟章与陆军伞兵不同，但襟章上也去掉了"国家银星"，以月桂环围绕短剑图案的金属章代替。由于隶属空军，北意大利"闪电"伞兵团的略帽帽徽也同陆军不同。该团官兵在左臂佩戴新式的北意大利伞兵资格臂章，还经常在左臂袖口佩戴袖标。北意大利空军伞兵的另外一个特征是装备有很多德军的单兵装备，例如德制地图包、弹药包等。

北意大利共和国国家卫队"马扎瑞

▲ 北意大利"雨云"独立伞兵营的襟章。

尼"伞兵营的装备与陆军伞兵部队大体相同，但"国家银星"位置的襟章是类似双闪电的字母双M（这也是整个北意大利共和国国家卫队的领章标志）。由于该伞兵营的兵员大部分来自前国家安全志愿民兵青年团，这支部队的官兵多在M41伞兵夹克内穿着传统的黑衬衫，下身着伞兵长裤，头戴有国家安全志愿民兵帽徽的黑色贝雷帽。

北意大利海军"伞降蛙人"营的装备与陆、空军同行基本相同，但由于该营人员来自前海军"圣马可"营，因而保留了他们独特的襟章和袖章。此外，海军"伞降蛙人"营的伞兵们常在无领的M41伞兵夹克内穿着海军水手服。

随着盟军持续而猛烈的进攻，北意大利伞兵部队逐渐后撤，在德军第5山地师的指挥下，凭借意大利北部阿尔卑斯山前的"哥特防线"继续抵抗。由于没有适应高寒山区天气的装备，撤退到该防线的意大利伞兵开始换装德军山地猎兵的1942式双面连帽防风大衣。这种大衣一面为迷彩，一面为白色的雪地伪装服，胸部还有3个大口袋，非常实用。此外，阿尔卑斯的北意大利伞兵还使用了德军的山地靴和其他单兵装备。为适应山区的雪地环境，部分北意大利伞兵还将M41/42伞兵钢盔的盔罩更换为白色。

▲ 北意大利"雨云"独立伞兵营士兵。

▲ 北意大利空军伞兵，注意他的臂章。有趣的是，他还在制服上别了一枚德国空军的金属雄鹰。

▲ 北意大利空军"闪电"伞兵团制服。注意其佩戴的袖标和新式伞兵臂章,以及德国空军伞兵作战奖章。

▲ 北意大利共和国国家卫队"马扎瑞尼"伞兵营士兵,注意他佩戴的双M领章。

∨北意大利伞兵在他们最后的战场——"哥特防线"留下的合影。

▲ 穿戴整齐的北意大利伞兵部队。

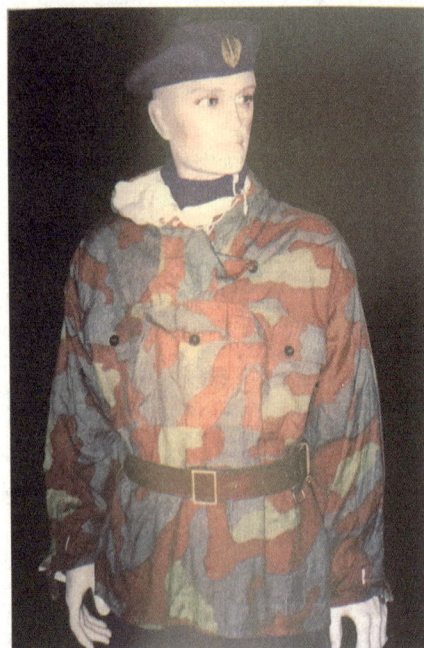

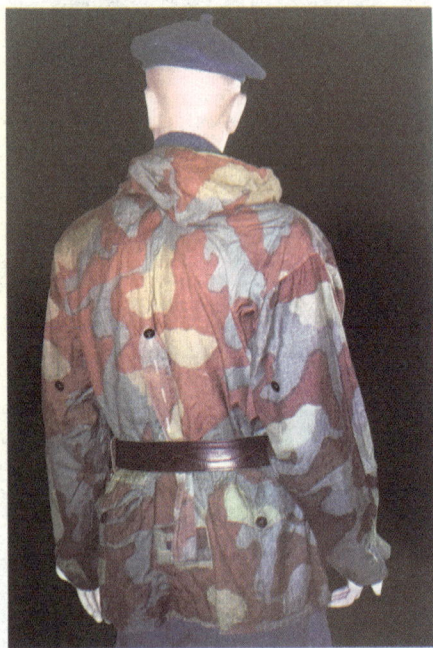

▲ 意大利伞兵装备的德军山地猎兵1942式双面连帽防风大衣。这种大衣一面是迷彩，一面是白色的雪地伪装服。

▲ 意大利北部山区，身穿防风大衣的北意大利伞兵。

▲ 北意大利海军"伞降蛙人"营士兵，注意他们佩戴着海军"圣马可"营的襟章，以及在M41伞兵夹克内穿的套头毛衣。

徽章

陆军伞兵

意大利皇家陆军拥有实力最雄厚的伞兵部队，包括三个伞兵师，其中一个只停留在纸面上。

帽徽：意大利陆军伞兵在自己的钢盔、贝雷帽或者空军M28热带野战略帽上佩戴帽徽，图案为伞兵的兵种徽章——一把带飞翼的短剑，上面还有代表皇家军队的皇冠。钢盔的盔徽是蜡贴到钢盔上的，贝雷帽和略帽的帽徽为布质刺绣。帽徽短剑中间的圆圈图案士兵的呈黑色，士官和军官的呈金色，帽徽底板均为灰绿色。

襟章：意大利陆军伞兵通常会在自己的M41伞兵夹克上佩戴军种襟章。这种伞兵军种襟章的底板是蓝色，刺绣图案为一把带飞翼的短剑，襟章的下方是意大利皇家军队的标志——"国家银星"。士兵和士官襟章上的"国家银星"通常为金属材质，军官襟章上的"国家银星"则为布质刺绣。

▲ 意大利陆军伞兵胸章有两种材质：上图展示的布质刺绣及下图展示的金属材质。

▲ 意大利陆军伞兵的帽徽（左、中）和盔徽（右）。

▲ 意大利陆军伞兵的军种襟章。

▲ 意大利陆军伞兵的跳伞资格臂章。

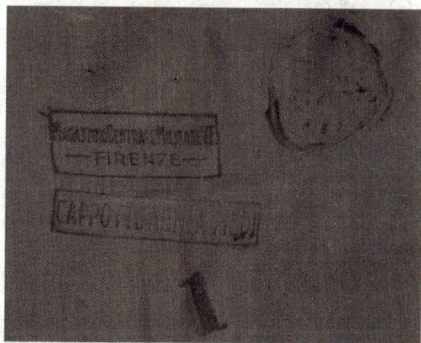

臂章： 意大利陆军伞兵一般会在左臂上部佩戴伞兵资格臂章。这种臂章的图案很简洁，是一只展开的降落伞。不论士兵、士官，还是军官，伞兵资格臂章均是灰绿色底板上的金色刺绣，但军官臂章的刺绣图案要精细得多，甚至还存在用金丝刺绣的版本。除此之外，陆军伞兵部队的士兵还会在左臂伞兵资格章的下方或袖口处佩戴黄色的军衔臂章，军官和士官的军衔章则佩戴在左胸前。

空军伞兵

与陆军争夺对伞兵的控制权失败后，意大利皇家空军只保留了少量的伞兵特种部队，其中最著名的是空军突击工兵营（简称 ADRA）。空军伞兵特种部队采用的装备与陆军相同，有 M41 伞兵夹克或 M42 热带伞兵夹克、贝雷帽（在空军中，只有特种部队装备有贝雷帽）、M41 伞兵长裤或 M42 热带伞兵长裤、M41 跳伞靴，以及 M38 战斗匕首，仅在徽章配饰方面存在较大区别。

帽徽： 意大利空军伞兵帽徽图案为皇冠之下围绕着月桂环的雄鹰。这种帽徽常出现在空军伞兵成员的钢盔、贝雷帽或者 M28 热带野战略帽上，为灰蓝色底板上的金色刺绣（钢盔盔徽为黑色蜡贴）。此外，空军伞兵贝雷帽上还有用于标记衔级的银星。

襟章： 图案为一把带飞翼的短剑，通常用金色丝线刺绣在灰蓝色底板上，下方是意大利"国家银星"。

臂章： 意大利伞兵特种部队除了会在左臂佩戴与陆军相似的金色伞兵资格臂章外（只是底板为灰蓝色），还要在其下佩戴特种部队的特殊标志——月桂枝和橡叶枝交叉围绕的短剑。该标志同样源自第一次世界大战时期的意大利精锐部队"阿尔迪蒂"突击队，图案通常以金色丝线绣在灰蓝色底板上。除此之外，空军伞兵特种部队的官兵还会在袖口佩戴灰蓝色底板的军衔臂章。

金属章： 1942 年，意大利空军伞兵特种部队开始在左胸佩戴空军伞兵金质翼章。这种翼章与空军飞行员翼章形状相似，图案为降落伞和展开双翼的鹰。这种翼章佩戴于左胸袋上方高于勋略的位置（无胸袋佩戴在相同位置）。此外，空军突击工兵营成员还要佩戴一种由皇冠、月桂环、展翅雄鹰、降落伞和短剑图案组成的金属章，金属章上面标有这支部队的名称。

海军伞兵

意大利海军"圣马可"陆战团是一支历史悠久的两栖突击部队精锐。在二战中，这支部队曾下辖一个伞兵营。

臂章： 同其他意军特种部队一样，海军伞兵也佩戴有月桂枝和橡叶枝交叉围绕短剑图案的布章，这种布章以蓝色丝线刺绣在白色底板上。

袖章： "圣马可"海军陆战团的特征之一就是袖口处佩戴的特色袖章——背生双翅的雄狮，该图案以金色丝线刺绣在红色底板上。

▲ 意大利空军伞兵的帽徽。

▲ 意大利空军伞兵的贝雷帽。

▲ 意大利空军伞兵的军种襟章。

▲空军突击工兵营成员证章。

➤空军突击工兵营官兵。

▲意大利空军伞兵的金质翼章。

▲意大利空军伞兵的金质翼章原品。

▲意大利海军伞兵的臂章。

▲ 意大利海军伞兵的帽徽。

▲ 意大利海军伞兵的襟章（左）和袖章（右）。

北意大利伞兵

北意大利陆军"雨云"独立伞兵营: 襟章去掉了意大利"国家银星"标志,在原"国家银星"的位置绣上了"NEMBO"字样。左臂不再佩戴陆军伞兵资格臂章,而是以类似于空军伞兵特种部队的新臂章代替。这种新臂章在原来月桂枝和橡叶枝交叉围绕短剑图案的基础上,增加了燃着火焰的手雷和降落伞图案,就此成为整个北意大利伞兵部队的伞兵资格臂章。此外,"雨云"独立伞兵营的士兵和士官仍然在左臂或袖口佩戴灰底红色的军衔臂章,军官在左胸佩戴颜色相同的军衔章。

▲ 北意大利伞兵的跳伞资格臂章。

▲ 北意大利伞兵官兵。

北意大利空军"闪电"伞兵团: 帽徽同前空军伞兵特种部队的帽徽相似,延续了贝雷帽上标示衔级的银星,只是去除了皇冠标志。襟章的图案为一柄金色的、带飞翼的短剑叠加在一枚银色的、燃着红色火焰的手雷上,襟章下方的意大利"国家银星"被月桂环围绕短剑的金属标志所替代。除了要在左臂佩戴北意大利伞兵资格臂章(该臂章除了刺绣版外,还存在大量金属版)外,士兵和士官还佩戴有金色的军衔臂章。军官的军衔章也是金色的,只是佩戴在左胸。由于该团不少人员毕业于德国的弗赖堡(Freiburg)跳伞学校,因此也佩戴着德国空军伞兵奖章(于左胸袋处佩戴)。该团成员还佩戴着文字为"8.9.1943 PER L'ONORE D'ITALIA"(1943 年 8 月 9 日是意大利向盟军投降的日子,文字意为"为意大利的荣誉")或"PER L'ONORE D'ITALIA"的袖标。该袖标的底色为黑色,上下边缘从外向内依次为红、白、绿色(意大利国旗的颜色)条纹,字母用橙红色丝线绣制。值得一

▲ 北意大利伞兵襟章，其中左一和左二分别为北意大利"雨云"独立伞兵营和"闪电"伞兵团的襟章。

▲ 北意大利伞兵袖标。

▲ 北意大利空军伞兵腰带扣原品，由士兵和士官佩戴。

▲ 北意大利陆军"雨云"独立伞兵营军旗。

▲ 佩戴金属资格臂章的北意大利伞兵。

提的是，这种袖标虽然为北意大利空军"闪电"伞兵团特有的配饰，但有大量照片表明，北意大利陆军"雨云"独立伞兵营残余的部分人员也佩戴这种袖标。此外，北意大利空军伞兵还有专门为其设计的腰带扣。这种腰带扣呈银色，图案为一只扑展翅膀、紧抓束棒的雄鹰，其身后是降展开的落伞。

北意大利共和国国家卫队"马扎瑞尼"伞兵营：该营成员经常佩戴黑色贝雷帽。帽徽通常为金属材质，也有布质刺绣，采用与国家安全志愿民兵帽徽相同的束棒图案。襟章与陆军伞兵相似，

▲ 珍贵的照片：发放北意大利伞兵跳伞资格臂章的瞬间。

但取消了"国家银星",用两个类似闪电符号的双 M 代替。有照片显示,该部队仍然使用老式的陆军伞兵资格臂章,并将其佩戴于左臂。此外,该营成员还经常佩戴国家安全志愿民兵的各种徽标。

北意大利海军"伞降蛙人"营: 成员都在袖口佩戴"圣马可"海军陆战团的特色袖章,还在左臂佩戴该营特有的臂章——由降落伞、雄鹰和短剑组成的图案,以金色丝线绣在灰蓝色底板上。

▲ 北意大利共和国国家卫队"马扎瑞尼"伞兵营第1连士兵,注意他们在伞兵夹克内穿的黑衬衫。

▲ 北意大利海军"伞降蛙人"营襟章。

▲ 北意大利海军"伞降蛙人"营士兵，注意其佩戴的臂章。

▲ 北意大利海军"伞降蛙人"营臂章。

▲ 北意大利海军"伞降蛙人"营官兵。

折翅的"狮鹫"：
希特勒的奇想破灭细考

作者

董旻杰、谭星

第二次世界大战是机械化作战形式的大发展时期，为了赢得战争的胜利，各种战术手段层出不穷。与此同时，特种作战的萌芽也开始出现，虽然其规模和运用与现代特种部队不可同日而语，但同样在战争史上留下了浓墨重彩的一笔。在许多老派的军人眼里，伪装成敌军的特种作战方式显然缺乏骑士精神，可士兵出身的希特勒不会这么考虑。和战争初期相比，随着德军在斯大林格勒城下惨败，希特勒对德国国防军的信任度每况愈下，其对武装党卫军的依赖也日益严重，这在"7·20刺杀"事件发生后达到了顶峰。早在阿登反击战的创意还在他头脑中构想之时，他就决定要让以党卫军装甲师为主力的第6装甲集团军进行主攻，同时还要给攻击部队加强一支在他看来可以创造"神迹"的力量——特种部队。

希特勒的妙想

战争末期，希特勒顽固到几近变态，很少会听取他人的意见，他并非不知道反击战要面临的诸多几乎无法解决的问题和困难，即便如此他仍然执意要打这一仗。因为只有这样做，他的第三帝国才有可能获得一线生机，否则即使德军能够多坚持几个月，其最终覆灭也不可避免。那么，如何才能在这样一种令人几乎窒息的绝境中争得那仅有的一线生机呢？对于希特勒面临的难题，任何军事家都会感到束手无策，恐怕有不少盟军将领觉得德国人这会儿"认输投降才是正常人该有的思维方式"。当然，一些对军事毫无概念的人会在开玩笑时提出一个"解决方案"：让敌人不抵抗不就行了？

希特勒本人的军事经验当然不是零，他甚至"自认为是元首大本营里唯一具有前线作战经验的人"，凭借着半吊子艺术家的头脑，他最终绕过了束缚着将军们思维的条条框框，找到了这条纯粹"非专业"的答案：只要能让敌人不抵抗，所有的困难都将迎刃而解。那么如何能让敌人不抵抗呢？解决这个问题显然比想到它更加困难，不过这也没能难倒创造力旺盛的纳粹元首。必须承认，有时候希特勒的奇思妙想会给后世的人们留下"惊艳"的感觉，虽然这些想法在当时传统老派的将领眼里纯属"鬼扯淡"，但事后来看其实并非一无是处。

1944年10月22日，就在希特勒首次召见西线德军总部参谋长和B集团军群参谋长并宣布奇袭安特卫普计划的当天，一个身材高大、脸上留着一条刀疤的男人被召到了东普鲁士的元首大本营。他就是被誉为"欧洲最危险的男人"——刚刚被提升为党卫队一级突击队大队长（党卫军中校）的奥托·斯科尔策尼（Otto Skorzeny），德国军队中的特种作战大师。眼下，他正是希特勒非常看重的红人，这位颇具冒险精神的党卫军军官已经连续完成了两项几乎不可能完成的任务①，很可能当时在希特勒眼中，这名大个子老乡（他们都是奥地利人）已经无所不能了。斯科尔策尼在喜气洋洋地接受了元首颁发的勋章后被留了下来，随后他获知了一个用现代的眼光来看依旧充满想象力的特种作战计划，后来他在回忆录中对当时的情况做了翔实的叙述。

就在我将要离开的时候，希特勒叫住了我，向我和盘托出了进攻计划的要点，也就是今天人们知道的阿登反击战。

"别走，斯科尔策尼，今天我要交给你一项也许是你一生中最重要的任务。到现在为止，没几个人知道这项正在准备的秘密计划的细节，而你将在其中扮演一个重要角色。很快，我们将发动一场也许可以决定德国命运的攻势，这必将是一场伟大的攻势。英、美等西方盟国看不到（就算看到也不愿意承认）德国正在阻挡布尔什维克主义向西方蔓延，我们德国正在为欧洲而战。西方国家认为德国几乎就要筋疲力尽了，但是德国还远没到成为一具尸体的地步，他们绝想不到我们在这个时候还能站起来，并给它们以毁灭性的打击。如果我们在攻势中取胜，那些西方国家内部的压力将迫使它们的政府进行有利于德国的议和……

"我把这些告诉你，是为了让你能够考虑你在这项计划中将要担任的角色，并确保一点也不忘记这个角色。这次攻势最重要的任务之一将交给你和你的部队去完成，你们要开着缴获的美国坦克和车辆先行出发，身穿盟军军服，使用盟军的武器及相关证件，必须夺取列日至那慕尔之间马斯河上的一座或多座桥梁，这些桥梁对包围蒙哥马利的第 21 集团军群有着至关重要的作用。先前敌人的突击队身穿我们的军装进行作战不是一次两次了，他们已经给我们造成了很大损失。我刚刚接到一份报告说，仅仅在几天前，美军穿着我们的军装在占领亚琛的战斗中起了不小的作用，这是德国在西线沦陷的首座大城市。现在看来，穿着敌人军装的小股部队能够给盟军造成巨大混乱，他们能够传达假命令，扰乱盟军的交通，让盟军部队开往错误的方向。你们必须在 12 月 1 日之前做好一切准备工作，具体问题你可以同约德

---

① 这两项任务分别是营救被关押在高山上的意大利领袖墨索里尼和到匈牙利首都布达佩斯抓捕匈牙利摄政王米克洛什·霍尔蒂。

尔将军共同商讨……"

看来这次的任务跟以往有很大不同，我不得不主动提出一些疑问："我的元首，留给我的准备时间很短，许多事情都只能将就着办。突击队还要完成其他什么任务？我无法同时把它们全部完成！"希特勒没有理会我的反对意见，无视我提出的需要半年准备时间的理由，他坚持说："我知道时间非常、非常仓促，但是你必须尽一切努力……我禁止你本人亲自穿过前线到那边去，无论如何你不能让自己当俘虏！"

在希特勒看来，这项计划虽然冒险，但却是可行的。他当然知道要让整支进攻部队不受抵抗地完成任务是不可能的，因而他把这支能够"不受抵抗地完成任务"的特殊部队的使命限制在了一个规模不大，但却对进攻战役而言至关重要的任务上：夺取马斯河上的桥梁。马斯河几乎位于德军战线和安特卫普港的正中间，此次攻势第一阶段的目标正是要在列日和那慕尔之间的马斯河对岸建立几处桥头堡，如果德军能够迅速达成这一目标，他们就可以赶在盟军建立起有效的抵抗之前撕开其防线。因此，谈话结束后斯科尔策尼就被带去见约德尔，约德尔向他详细地讲述了反击计划的几项策划案，无论在哪个方案中，斯科尔策尼的部队都将配属给第6装甲集团军指挥，秘密行动的代号为"狮鹫"（Greif）——那是希腊神话中一种鹰首狮身的怪物。临分别前，约德尔命令斯科尔策尼立即就此制订出一套完整的作战计划以及所需人员和装备的清单，其他的具体细节，斯科尔策尼还要和陆军总参谋长古德里安、陆军总司令部和总参谋部的其他人做进一步商讨。

考虑到《国际法》对穿敌军军装作战的问题，斯科尔策尼特地跑去请教了这个领域的法律专家。专家告诉他，《国际法》仅仅禁止穿着敌人军装的士兵使用武器，因此，如果先遣部队在盟军军装里面套上德国军装，并在实际开火前脱掉伪装军服，那么就符合《国际法》的要求。如果他们在战斗前没有脱掉伪装的敌军军服，那么就有被当作间谍对待和被捕后遭到军法审判（判处死刑的可能性很大）的危险。

按照最高统帅部的计划，这支"用来在西线执行侦察和特殊任务"的部队规模是两个营，他们将分别由来自前线和国内的志愿人员组成，这两个营将编成两个战斗群，并得到统一指挥。没有任何迹象表明这个编制和他们的任务之间有什么关联，关于完成这样的任务到底需要多少人，最高统帅部似乎也心中无数。不过他们选择投入两个营来执行"狮鹫"计划的理由倒也简单实在：经历了5年血战以及最近半年来连续遭到重创后的德军，此时能拿得出来的"志愿者"恐怕也只能凑够这个数了。

和最高统帅部的"看菜吃饭"不同,斯科尔策尼更关心的是自己的肚子有多大。对于手下即将组建的部队,斯科尔策尼如此写道:"我们将要组建一支装甲旅级别的部队。"

1944年年底时德军的所谓"装甲旅"和二战爆发之初德军装甲师中由2个装甲团组成的装甲旅已经没有任何血缘关系了。古德里安的回忆录中如此写道:"自从刺杀事件发生之后,恰恰是希特勒自己喜欢虚张声势,他的所作所为都是在自欺欺人。例如他命令组建的炮兵军实际上只有1个旅的实力;只有2个装甲营的装甲旅,充其量是个装甲团,他却硬说有2个装甲团的实力;突击炮旅只辖1个营,给旅的番号只是噱头。在我看来这种虚张声势并不能在敌人面前掩盖我军实力日渐衰弱的事实,反而会造成己方部队的编制更加混乱。"

看起来古德里安对于希特勒这种"猫披虎皮"的做法很不以为然,但是客观地说,这种迷你版的"装甲旅"对于此时的德军来说的确有其价值。进入1944年之后,盟军和轴心国实力对比的变化与军事技术的发展,已经使得德军很难集中大规模的装甲部队实施战略突破,反倒是投入小规模装甲部队在局部地区的作战时常能取得不错的效果。此时的德军通常从装甲师中抽调部分装甲力量,与步兵、炮兵和工兵混编成"战斗群",用于实施局部战术反击或者在对手突破防线后充当"消防队"。这样的"战斗群"规模可大可小、十分灵活,战术弹性极强,可以使德军充分发挥手中现有部队的能力,在以少敌多的东线战场发挥重要作用。见此情景,陆军总参谋部便试图着手将这种临时性的战斗群编制正规化,1944年7月,以1个装甲营和1个装甲掷弹兵团为核心组建的所谓"装甲旅"便粉墨登场了。后来,将战斗群正式化形成装甲旅的做法由于一系列弊端被取消,而"装甲旅"这一名词则逐渐演变成了为执行特定作战任务而组建的小型多兵种合成装甲部队的特称。

考虑到阿登山区崎岖难行,部队只能沿着蜿蜒曲折的道路行进,实际行军距离通常要大大超出直线距离,因此斯科尔策尼选择组建一支装甲旅来执行这项任务。由于德军进攻出发线到马斯河的距离很远,抵达目标后部队还要抢占并守住这些桥梁直到主力部队到达,因此斯科尔策尼希望自己能有一支具有相当火力和机动性的全机械化部队。另一方面,由于需要深入敌后,这支部队的规模还不能太大,否则灵活性方面的缺陷必定会拖后腿,而装甲旅的编制刚好满足了他的要求。他希望能够得到一个装甲团,或者至少是一个加强装甲营,此外他还需要一批全机械化的步兵和侦察单位及一些工兵和炮兵。此时的德军虽然困难,但是一个旅的武器装备好歹还是能拿出来的，这些本身都不是问题，关键在于这个旅所需要的是全套美械装备！他们只有使用美式车辆、武器和其他装备，才能混杂在撤退的美军中一路开到马斯河。

严格说来斯科尔策尼的胃口其实不算大，毕竟他的任务要求摆在那里，但不幸的是他的这点要求已经超出了当时德军的能力，毕竟最高统帅部比斯科尔策尼更了解德军的现状。10 月 26 日，他向最高统帅部提交了经过压缩的部队编制计划表和所需装备清单，清单上的内容如下：

2 个装甲连，各 10 辆坦克；

3 个装甲侦察连，各 10 辆装甲侦察车；

3 个机械化步兵营，各辖 2 个步兵连和 1 个重武器连；

1 个轻型防空连；

2 个反坦克连；

1 个重型迫击炮分队；

1 个通信连；

装甲旅旅部，越小越好；

3 个营部，越小越好；

1 个直属连，用来执行敌后伪装破坏任务；

由于任务持续时间短，后勤和辅助部队应当尽可能缩小规模以节约人力，总兵力 3300 人。

这样一个缺胳膊少腿的"装甲旅"是斯科尔策尼能接受的最低限度，仅有 20 辆坦克的装甲旅即便满编也是够寒酸的了。最高统帅部计划将这支部队编组为两个战斗群，可这样的编制存在一个根本性的缺陷：斯科尔策尼的目标是三座桥，两个营该如何分配任务？实际上，斯科尔策尼在装甲旅的编组过程中将最高统帅部的最初规划完全丢到了一边，他打算将部队编成 3 个战斗群，同时向昂日（Engis）、阿迈和于伊三地的马斯河桥发动进攻。

约德尔对于斯科尔策尼的困难当然心知肚明，他很清楚，此次行动如果不想从一开始就毫无胜算的话，大量合格的人员和装备是必不可少的，因此他慷慨地批准了斯科尔策尼的编制要求，并承诺会全力配合。很快，最高统帅部就发布密令在全军征召会说英语的人和缴获的英美军装备，要求全军向一支"在西线执行侦察和特殊任务的特种部队"提供志愿者。西线德军的各集团军群指挥部和各军兵种司令部都接到了这份要求提供人员和上交缴获物资的命令，几天之内这份命令就被传达到了师级单位。原本"狮鹫"行动应该是见不得阳光的，但在短时间内要收集这么多敌军的军服和武器装备，恐怕也别无他法了。无论底下的部队情愿还是不情愿，交出美军装备和搜罗熟练使用英语人才的行动还是大张旗鼓地开始了。当斯科尔策尼看到西线德军总部下达的这份"密令"副本时，"惊讶地差点从椅子上摔下来"，哪怕文件顶部盖着"秘密命令事务"的印章。文件内容如下：

1. 元首命令组建一支由大约 2 个营的兵力组成的特种部队，用于在西线执行侦察和特殊任务。其人员从国防军和武装党卫军部队的志愿人员中抽调，报名者必须符合以下条件：身体状况良好达到 A-1 级，反应敏捷，适合执行特种作战任务；受过全面的格斗训练，有战斗经验；通晓英语和美国俚语，尤其需要通晓军事技术术语。这些人员的名单应尽快统计上报。

2. 搜集和上报缴获的美军军装、装备、武器和车辆，以装备上述特种部队。各部队要克服上缴这些装备后的困难，务必将配合上述部队的行动置于首位，如何上缴的具体细节另行通知。

3. 各师军需参谋对这些缴获装备负有全责，并在 11 月 1 日前后向军部军需处提供书面报告。

4. 本命令应立即传达到所有部队，各部不得以执行任务为由阻止志愿者报名。他们脱离原单位后应立即前往奥拉宁堡（Oranienburg）附近的弗里登塔尔（Friedenthal），向斯科尔策尼一级突击队大队长报到。未被选中的志愿者将返回原部队原岗位，志愿者要在 11 月 10 日前抵达弗里登塔尔。

5. 党卫队全国领袖会按要求向最高统帅部呈报参选和入选的志愿者人数，并按照他们的原属单位列出。

6. B 集团军群、G 集团军群、西线总司令部、西线空军总司令部和第 30 军区指挥部必须将本命令的内容以适当的方式传达到下属的各部队和阵地（支撑点、海峡群岛和志愿兵单位例外）。确保加入这支部队的各级官兵能真正满足条件是十分重要的，如果他们在参选后落选，其前途不会受到影响，而他们的志愿精神应当成为他人的楷模。

西线总司令部参谋长

韦斯特法尔

为了强调命令的特殊性和重要性，1944 年 11 月间，这道命令在西线德军部队中被重申多达 6 次！这样的行为固然证明"狮鹫"行动得到了"领导重视"，但却未必是一件好事。问题就出在命令的传达渠道上。征集志愿人员和盟军武器装备的命令是通过正常的渠道发布的，从国防军最高统帅部向下逐级传达到各部队和后方单位，如此行事或许意在保证尽可能多的招募志愿者，却不可避免地使希特勒亲自要求的"严格保密"化为泡影。"狮鹫"行动成败的关键就在于突然性，而这样的命令传达方式却使得对手早早就能知道德国人的这一动向，即便美国人一时猜不透德国人的意图，他们也肯定会有所防范。无怪乎看到这份命令后斯科尔策尼先是"气得浑身发抖"，之后又觉得无可奈何，这份被传达到每个师级单位的命令甚至有可能继续下发到团营级，盟军情报机构不可能得不到这样一份广泛发送的命令。

斯科尔策尼认为，这份愚蠢的命令意味着他的买卖甚至还没有开张便要完蛋，但是他向元首大本营提出的正式书面抗议落入了官僚主义的深渊。"请求取消行动"的建议无法被约德尔或者希特勒获悉，这中间隔着一道巨大的樊篱——所谓的"正

▲ 斯科尔兹尼因成功策划、实施了"橡树"行动等一系列大胆的特种行动而名噪一时，被称为"欧洲最危险的男人"。在"橡树"行动中，斯科尔兹尼带领空降突击队突袭大萨索山，救出了监禁中的墨索里尼。照片为斯科尔兹尼与获救后的墨索里尼，1943年9月12日。

∧ 斯科尔兹尼成功救出墨索里尼后，德国《信号》杂志专门报道了斯科尔兹尼的故事。插图描述了斯科尔兹尼等人冲入旅馆的场景。

式渠道"，它们是无法被绕过的。他试图向党卫队全国领袖希姆莱常驻元首大本营的联络官奥托·赫尔曼·费格莱因地区总队长兼武装党卫军中将求助，后者的答复是"泄密事件完全无法理解，但正因为如此，就更不能让元首知道了，任务更不能取消"。

几天后，希姆莱在获悉此事后表达了自己的看法："**这件愚蠢的事情已经发生了，但木已成舟，行动还要继续进行。**"

▲ 插图描述了斯科尔兹尼见到墨索里尼时的场景，"领袖，是元首派我来的，您自由了！"

◄ 这幅绘画也同样出自《信号》杂志，描述的是墨索里尼及斯科尔兹尼乘坐的"鹳"式侦察机起飞的情景。由于严重超载，飞机先是俯冲下悬崖，才艰难地改平拉起。

　　有资料表明，盟军情报部门在10月30日就从德军第86军的通信电文中搞到了涉及部分相关内容的命令副本，但这份重要情报并没有得到足够的重视，它同样**"落入了官僚主义的深渊"**。斯科尔策尼的愤怒合情合理，不过德军内部采取这样的"昏招"似乎也是迫不得已，毕竟"狮鹫"行动需要的兵力不是几十号人，在如此紧迫的时间里要招募数以千计的志愿者，不这样做又能怎么办呢？无论如何，既然上面要求继续，斯科尔策尼就只能从命。

一穷二白的特种部队

关于《国际法》和道义上的问题，希特勒并非没有意识到，否则他不会在召见斯科尔策尼时特别强调美军在亚琛穿着德军军服作战的事情了。不过，德国将军们要考虑的远不止于此，他们更关心的是这样一次风险极大的行动到底有没有成功的可能。虽然希特勒本人对斯科尔策尼充满信心，但德军的高级将领却没有这般乐观，即便他们知道这样的行动可能会给主力部队的作战带来帮助，支持的人却依然不多。伦德施泰特元帅就认为这样的行为会带来法律上的麻烦，韦斯特法尔将军则直接向斯科尔策尼表达了自己的反对意见。

我在返回柏林的火车上遇见了斯科尔策尼……他已经知道了进攻计划，他告诉我说自己将要指挥一支穿着英美军服的部队，去执行重要的渗透任务，这对我们取得进攻的胜利有重大帮助。西线总司令部必须向他提供各种美军制服，尤其是军靴，这些东西可以从战俘身上搞到交给他们。我说他不能要求我们这么做，剥掉战俘身上的衣物是有失体面的，何况是在一年中最冷的时节，而且这种行为也违反了《国际法》，还可能令我方战俘遭到同等的报复。不久后，我就听说他向希特勒汇报，说我"企图破坏进攻计划"。

10 月 26 日，斯科尔策尼在上报部队编制计划和所需装备清单时提醒约德尔留给他的时间不够，"我将我们不得不在各方面做出的妥协直接告诉了他，我还提出'狮鹫'行动只有在进攻首日夜间发动才有成功的可能，这样我们就可以充分利用反击的突然性。更为重要的是，一线各师必须在进攻首日完成各自的进攻任务，这就意味着在上芬恩高地展开攻击的部队应当在宽正面上取得突破，这必须成为我们开始行动的前提条件"。虽然和人员装备的匮乏相比，准备时间不足似乎不那么引人注目，但是后来的战局发展会让人们看到准备时间不足带来的过于严苛的成功前提，将令斯科尔策尼和他的部队陷入非常尴尬的境地。

斯科尔策尼什么都缺，最缺的还是时间和人，由于最初的反攻时间定于 11 月 25 日，这就意味着留给他的准备时间满打满算只有 30 天！这点时间对于这样一场前所未有的特种作战行动来说确实太紧张了，况且此时这支部队连影子都还没有。斯科尔策尼知道，要在马斯河上哪怕仅仅夺取一座桥梁并抵挡敌军可能发动的反击，也需要不少来自各个兵种的人马。而夺取一座桥梁是远远不够的，谁都不能指望只靠一座桥就能保障整个第 6 装甲集团军及时渡过马斯河直取安特卫普，何况他还要分出一支特殊部队化整为零前往盟军后方制造混乱。"狮鹫"行动所需的兵力和装备都比较特殊，这意味着需要很长一段时间来征集兵力、训练人员、制订计划，斯科尔策尼从接手任务的第一天起就意识到时间是此战成败的关键。但现实却是他无法抗拒的，斯科尔策尼就算再有本事也不可能把一天变成36小时，更无法撒豆成兵。准备时间严重不足成了挡在"狮鹫"行动面前的第一头拦路虎。

11月4日，这支正在组建中的部队被正式授予了第150装甲旅的番号，不过这并没能解决任何实际问题，尤其在短时间内如何搞来足够的盟军装备实在是一件令人头疼的事情。斯科尔策尼设计的编制表已经经过了很大程度的削减，但即便是这样一个大大缩水的目标，实现起来也十分困难。自盟军在诺曼底登陆以来，德军一直都在撤退，反击的次数很少且规模普遍不大，因此缴获美军物资装备的机会也很少，根本无法满足此次行动的要求。斯科尔策尼后来也承认："一想到要在如此短的时间里收集到这些装备，我们自己都感到十分紧张。"不仅如此，他从德军各级部队里得到的承诺往往都只是空头支票，包括凯特尔元帅在内的许多军官都表示会全力支持他，然而这些所谓的"支持"却口惠而不实，他能得到的物资非常有限。虽然最高统帅部发布的命令中要求各部将所有缴获的武器、车辆和其他装备登记上报，交给斯科尔策尼的部队使用，但却应者寥寥。

实事求是地说，这些部队倒不完全是蓄意抗命。战争打到第五个年头，德军已然灯枯油尽，来自后方的各种供应和补充都日渐紧缺，无奈之下"敌人给我们造"也就成了德军部队的另一个物资来源，那些缴获的装备，尤其是坦克和各种车辆更是成了一线部队的重要作战力量，怎肯轻易上交？另一方面，由于"狮鹫"行动还需要严格保密，那些拿着命令四处收集缴获装备的军官们根本不知道上交这些物资有什么用处，更不知道其重要性和紧迫性，自然没有充足的动力。这样一来，到西线德军总部规定的物资上交期限日，即11月1日，真正转交到斯科尔策尼手里的美式装备少之又少。而此时留给他的时间已然不多了，11月2日，他只能设法联系西线德军总部参谋长韦斯特法尔中将，提醒后者在百忙中对部队装备不足的问题多加留意，并请求会面。

11月9日、10日两天，斯科尔策尼前往西线德军总部面见了韦斯特法尔，亲自向他痛陈了第150装甲旅急缺敌军装备的窘境，请求上级能帮自己一把。韦斯特法尔只能再次向下属部队重申上缴敌军装备的命令，他深知要部队上缴战利品的难处，于是干脆给西线德军各主要部队开出了一份上缴清单：15辆坦克、20辆装甲车、

20 门自行火炮、100 辆吉普车、40 辆摩托车、120 辆卡车和各种英美军服。这一次，西线德军总部下达的命令比此前有所改进，把上缴任务细分到了各集团军群，其中 G 集团军群要上缴 8 辆坦克和 20 辆吉普车，H 集团军群 2 辆坦克和 50 辆吉普车，B 集团军群则为 5 辆坦克和 30 辆吉普车。这些指标又被进一步分到了师，尤其是党卫军第 9 装甲师和党卫军第 10 装甲师，这两个师不久前才在荷兰阿纳姆地区大败英军第 1 空降师，最高统帅部直接点名要他们把缴获的英军吉普车交上来。但理想与现实总是相距甚远——虽然这份催缴物资的清单上面有最高统帅部和西线德军总部的抬头，但德军各级主官自有应对的办法，大家都深知"希特勒总不可能亲自下来检查部队是否私藏了缴获品"的道理，因此除了轻武器和美军军服，美军坦克和吉普车的上缴情况很不理想。

作为党卫队系统内的名人，又手握希特勒的"圣旨"，斯科尔策尼自然不会在一棵树上吊死，他利用党卫队内部的关系网四处搜罗盟军军服和装备，派人去后方的仓库中翻找包括钢盔在内的一切可用的缴获物资，甚至去战俘营从战俘身上扒军服。总的来说，这些工作收效甚微，后方仓库中堆积的盟军坦克和车辆几乎没有完好无损的，个别坦克即使看上去能用，车辆状况也不怎么样，而且还缺乏弹药，就连美式钢盔都起码缺少 1500 顶。

去战俘营扒军服的行为更是极其不顺，虽然战俘管理处处长弗里德里希·莫伊雷尔（Friedrich Meurer）上校接到书名命令后大吃一惊，并表示这样的行为是违反《国际法》的，但他还是将书面指令发送给了所有的战俘营指挥官。当斯科尔策尼派出的人去战俘营收集美军制服、证件和军饷簿等物资的时候，遭到了战俘营指挥官的抵制甚至是明确拒绝，接到部下汇报后斯科尔策尼只得把人撤了回来，以防红十字会得到消息将此事泄露给盟军。实事求是地说，被俘的美军士兵本身就缺乏冬装，秋季战役期间很多美国大兵嫌军大衣碍事，于是私底下给卖掉甚至丢掉了，结果很多人被俘时身上只有野战短外套。

11 月 21 日，焦头烂额的斯科尔策尼给西线德军总部首席参谋齐默尔曼上校发了份电报，电文中指出，第 150 装甲旅需要 147 辆吉普、193 辆卡车、32 辆装甲侦察车、23 辆装甲运兵车、17 辆坦克和 14 门自行火炮。但是到 11 月 20 日 15 点为止，总共只收到了 34 辆吉普车、79 辆卡车、1 辆装甲侦察车、2 辆装甲运兵车和 12 辆坦克（其中包括 5 辆德国坦克），自行火炮则连影子都没有，即便是这些送到该旅设在格拉芬韦尔（Grafenwöhr）训练基地的装备，也大多存在这样那样的机械故障而无法使用。由于德式装备无法胜任伪装渗透，以该旅现有的状况根本不可能完成任务。

虽然发出了求援电报，但斯科尔策尼对此并没有抱什么希望，他清楚地意识到已经不可能按计划用缴获的车辆和装备武装整个旅了，无奈之下这个巨大的缺口只能依靠少量"无法胜任伪装渗透任务"的德制装备来填补。他先后接收了至少12辆豹式坦克、5辆突击炮、6辆装甲侦察车和12辆Sd.Kfz.系列的装甲运兵车，并花了不少脑筋让部下想办法把这些德军车辆打扮得更像美国人的装备，比如"在炮塔周围焊上薄钢板，好让这些坦克能够具有美军坦克歼击车的轮廓"。但大部分德军车辆仅仅是在车体上喷涂了盟军的白五星标志，就连斯科尔策尼自己也承认，这些伪装的德军车辆只能"在非常远的距离或者在晚上迷惑那些年轻的美军新兵"。

从德国各地的仓库或堆栈里找来的盟军坦克和车辆大多在训练基地里因为引擎故障而彻底瘫痪，最后真正能用的美制卡车只有15辆（其余的卡车用刷了绿漆和白五星的德制福特卡车充数），谢尔曼坦克只有2辆（其中一辆在向战场开进途中抛锚了，但后来该旅又弄到了3辆美军遗弃的坦克），美制装甲侦察车只有4辆。相比车辆，轻武器的情况略微好一些，基本上达到了要求数量的一半以上，可是却缺乏弹药，因为有几节运载缴获弹药的车皮在卸车时发生意外被炸掉了。更令人头疼的是军服，从战俘营搜集来的美军军服上面都绘有显眼的三角形战俘标志，根本无法使用，最后斯科尔策尼决定把所有能用的美式军装、武器和车辆都只优先满足执行渗透任务的直属连。值得注意的是，实际上第150装甲旅比坦克和步兵装备情况更糟糕的是炮兵，虽然编制计划表上该旅存在反坦克炮和火炮，但实际上这些火炮要么没有炮弹，要么就压根没有到位。

相比收集缴获的武器装备，更难找的是会说英语的官兵，现在已经无从知晓那些志愿者在报名时是否真的认为自己会说英语，不过他们的英语水平很快就让斯科尔策尼头痛不已，后来他甚至说出"在找到3300名会说英语的志愿者方面，我一败涂地"这样的话。当11月1日最初100名会说英语的志愿者来到弗里登塔尔报到时，"狮鹫"行动取得成功的希望一下子就变得渺茫了。到11月中旬征募工作结束后，志愿者的人数达到了600人，经过考核验收，部下给出的人员状况报告让斯科尔策尼一下子就绝望了：只有10名原先当过水手的人英语非常流利且熟悉美国俚语，这些人在语言方面能够满足斯科尔策尼的要求，但是数量实在太少，能指望他们办成什么大事？还有大约10人英语较为流利，大部分也是水手出身，虽然他们的英语水平不能完全达标，但也算凑合了；有120人到150人具有中等程度的英语口语水平；大约200人可以说一点小学生式的英语；其余人等要么身体素质完全不行，要么就是"说一口流利的德语外加几个英语单词……**他们根本不可能欺骗美国人，甚至连聋子也骗不了**"。

显然，凭借这些人的英语水平根本不可能达到骗过美国人，达到"让敌人不抵抗"的目的。为此，施蒂劳（Stielau）一级突击队中队长（党卫军上尉）负责执行伪装袭扰任务的直属连得到了其中英语最好的一百多人，斯科尔策尼把他们集中起来进行封闭式强化训练。首先强化英语口语，有的人还被送到战俘营，让他们混入美军战俘中，练习纯正的美国口语，熟悉并模仿美国人的说话口气和神态，还有说粗口时的腔调、嚼口香糖的动作、吊儿郎当地站立和敬礼姿势等。德国人的行为习惯和美国人大相径庭：美军中的上下级关系普遍较为散漫，非正式场合都较为轻松随意，而德国军人一向严谨，和上级说话时通常都会挺直腰板并拢脚跟立正聆听，表情严肃太过正统，这一切都太不像美国人了，这种习惯会要了突击队员的命。

那些英语不过关的人只能在速成班里学习一些美国人常用的口头语和脏话，以及美军的军事术语，这好歹能在一定程度上让他们听懂几句英语，但总的来说，所谓的"英语旅"现在还是变成了"哑巴旅"。有意思的是，来报到的志愿者根本不知道他们此行的目的，就算他们的原部队愿意放人也非常勉强，很多人以为是来参加英语口语培训或者来当翻译的，对实际情况一无所知的国防军和党卫军官兵就这样懵懵懂懂地以"志愿者"身份来到了格拉芬韦尔。

更要命的是，这些从德军各支部队中抽调出来的人此前大多素不相识，斯科尔策尼根本无法在这么短的时间里把他们训练磨合成一支可以作战的部队。无计可施的他只好向最高统帅部提出再给他派一些成建制的单位来，这样他至少能把部队的基本框架搭建起来。接下来的几星期里，来自空军的2个伞兵营、党卫军第600伞兵营1连和中央猎兵队1连共同组成了2个接近满编的步兵营，第6装甲师第11装甲团4连和第655重坦克歼击营1连相继抵达格拉芬韦尔，第90装甲掷弹兵师第190装甲侦察营1连和第2装甲师第2装甲侦察营1连也先后被调拨给了第150装甲旅，第108装甲旅的残余人员组成了旅部和通信排，第110和第113装甲旅的人员则分别担任了各战斗群的参谋。那些被淘汰掉的人一时半会也无法回原部队。为了保密，只能将他们留在格拉芬韦尔营地里。直到阿登战役打响后，他们才能离开。

除了人员和装备，还有许许多多的问题困扰着斯科尔策尼，他不得不一次次向最高统帅部打报告，甚至在元首大本营的会议上直言不讳地反映问题。无法评估他的这些努力到底有多大收获，但得罪人是肯定的，例如关于装备短缺的问题，最高统帅部负责军需后勤的军官为此被希特勒狠狠训了一通，这些人自然不会给斯科尔策尼好脸色看。12 月初，在柏林帝国总理府的一次会议上，斯科尔策尼向希特勒谈到了各项准备工作还不完备的情况，其中包括缺乏目标桥梁的航拍照片，而这些照片空军早在几个星期前就答应过会提供给他。希特勒为此冲着戈林大发脾气，言词之激烈甚至连斯科尔策尼都感到很难堪，几天后，于伊和阿迈地区的桥梁照片就被送了过来，但这些照片最终并没能派上用场。

部队的组织与计划

经历了一番筛选之后，第 150 装甲旅的总兵力勉强达到了 2500 人，虽然还是不满编，但好歹有了一点旅级部队的影子，只是距离希特勒想象中的那支能够说英语的特种部队还差十万八千里。最高统帅部最初设定的两个营的编制被完全摒弃，全旅部队被编成 X、Y、Z 三个战斗群，各战斗群编有一个来自直属连的"吉普车小组"、3 个步兵或伞兵连、2 个装甲侦察排、1 个迫击炮连，另外还有战斗群直属的侦察排、工兵排、高炮排、通信排和救护组各 1 个。Y 战斗群编有 1 个突击炮连（原第 655 重坦克歼击营 1 连，配备 5 辆伪装得四不像的Ⅲ号突击炮），Z 战斗群编有 1 个装甲连（原第 11 装甲团 4 连，装备 5 辆伪装成美军坦克歼击车的豹式坦克和 5 辆谢尔曼坦克）。担任 X 战斗群指挥官的是赫尔曼·武尔夫（Hermann Wulf）中校，他曾担任第 20 装甲掷弹兵师第 76 装甲掷弹兵团 3 营营长和该团团长，获得过橡叶骑士铁十字勋章，可谓是身经百战。担任 Y 战斗群指挥官的是瓦尔特·舍夫（Walter Scherff）上尉，他曾是著名的第 503 重装甲营营长，荣获过骑士铁十字勋章。担任 Z 战斗群指挥官的是维利·哈迪克（Willi Hardieck）一级突击队大队长，他曾在党卫军第 1 阿道夫·希特勒警卫旗队装甲师（以下简称警卫旗队师）、党卫军第 6 北方山地师分别担任连长和营长职务。在调到第 150 装甲旅之前，他刚被任命为党卫军第 12 装甲团团长，还没来得及上任，就又接到了调令。

第 150 装甲旅没有自己的后勤单位。不过这倒不是因为德国人没有卡车，而是这支部队特殊的作战任务所决定的。除了任务时间最多仅有 3 天之外，更重要的是，这支部队要深入敌后，补给车队是不可能在战斗中独自穿越前线的，因此后勤单位对他们来说毫无意义。至于部队作战必不可少的野战厨房、维修部队、医疗小组和补给单位则直接被编入战斗群，伴随战斗部队行动。

就整个"狮鹫"行动而言，主要分为部队组织训练阶段和作战阶段，出于保密的需要，前者的代号是"乌鸦岭"（Rabenhügel）。作为总负责人的斯科尔策尼自然无法以其本来面目出现在人前，只能化名"佐拉"（Solar）躲在幕后，尽可能不露面，具体的部队组织和训练工作还得交给哈迪克、舍夫和武尔夫这三名经验丰富的军官。可能是由于同属于党卫军系统的缘故，其中最年长、曾经在名义上担任过党卫军第12装甲团团长、协调过该团整补工作的哈迪克被斯科尔策尼任命为自己的副手，全权负责格拉芬韦尔营地内的一切训练和准备工作。舍夫和武尔夫抵达营地之前根本不清楚此行的目的，也没料到所谓的"佐拉"一级突击队大队长就是斯科尔策尼，在签署了一份涉及生死的保密文件后，两人才获准进入营地，并接受哈迪克的指挥。舍夫不是很看得上哈迪克的履历，觉得他不是正宗的军校毕业生，打的仗也不够多，两人的交流很有限。为了增添部队的实力，舍夫利用手中的权力尽可能调动了一些自己熟悉的军官进入 Y 战斗群。

虽然几名部队主官经验丰富，但那些"志愿者"的战斗力不能指望，来自陆军、海军、空军和武装党卫军的人员素质参差不齐，短期内要完成训练可谓难比登天。斯科尔策尼打算让他自己训练出来的伞兵和空军的 2 个伞兵营充当"狮鹫"行动的主力，然而这些所谓的精锐部队实际上大多只是些空架子，战争初期那些受过充分训练、极富攻击精神和战斗素养的官兵早已在持续 5 年的拼杀中死伤殆尽，就连来自空军的伞兵大都也是些没有上过战场的新手。他们此前刚刚完成基础训练和跳伞、破坏等特殊技能的训练，还未接受正规的步兵战术训练。此时距离进攻发起日期已经不远，格拉芬韦尔营地的训练也无法在短期内让部队达到作战所需的技战术水平，第150装甲旅眼下要面临一个十分尴尬的局面：全旅各单位中甚至没有一支能够挑大梁的部队！不仅如此，这些拼凑而成的部队之间也严重缺乏磨合，很难指望他们打出什么精彩的战术协同来。

按照最初的计划，实施主攻的第6装甲集团军将以警卫旗队师和党卫军第12希特勒青年团装甲师为矛头，在进攻首日就进抵德军战线和马斯河中间地段的上芬恩高地，之后第150装甲旅将超越突击部队，伪装成溃退的美军进抵马斯河畔夺占那些桥梁。上芬恩高地距离德军进攻发起线大约有六十余千米，其中散布着一些重要城镇，如马尔梅迪、利尼厄维尔（Ligneuville）、雷希特（Recht）、拉格莱茨（La

Gleize）等。从这里出发，执行"狮鹫"计划的部队只要继续向前开进六十余千米就可以到达马斯河。

以现在的准备情况来看，希特勒最初让一个旅完整地伪装成美军突入其后方区域夺占桥梁的设想肯定是泡汤了。第150装甲旅什么条件都不具备，根本不可能成建制地伪装成美军，充其量只能做到让美军在远处发现他们时不会轻易开火。事到如今，"狮鹫"行动的成败只剩下了突然性这根唯一的保险丝了。斯科尔策尼写道："既然无法实施充分的伪装，那我们就只能借助欺骗和其他手段了，总而言之，兵不厌诈。"

斯科尔策尼决定继续从计划的实施条件上"挖潜"，第150装甲旅已然成了"哑巴旅"，无奈之下他只得挖空心思去为部队设计一个可以不说话的场景："哑巴旅"的官兵混入撤退的美军队伍后，必须装出一副遭到痛击后失魂落魄、不愿开口说话的样子。由于缺少美军军装和武器，斯科尔策尼选择了让大部分士兵待在封闭的卡车车厢里，只让少数具有中等英语水平并配备美式装备的人担任车辆的正副驾驶员。他打算让手下人马在战斗开始的第一天深夜进入指定的突击地域，利用夜幕和部分伪装的掩护开赴桥梁附近的集结点。两个伪装侦察小组将会事先进入集结点，在那里观察桥上的情况，不过侦察组数量的限制也就意味着对桥梁的攻击只能根据情况变化适时发动了。由于上述原因，没有编入突击炮和坦克单位的 X 战斗群便要伪装行军开过桥梁，摸清情况后在马斯河以西展开建立桥头堡，3 个战斗群将要同时在拂晓时分发动进攻。这份计划的风险明眼人一看便知，其预设条件是此时美军已经在德军正面主力部队的压迫下土崩瓦解溃不成军，这是大大缩水后的"狮鹫"计划得以实施的根基所在，因此斯科尔策尼只能坚决要求上级只有在进攻首日的目标达成后才能实施这一计划。

这副"如意算盘"看起来的确避开了要开口讲英语的尴尬，却将官兵们置入一个更加危险的环境中，也让"狮鹫"的成功条件比原来严苛了许多。虽然没能像原计划那样实现"美械化"，但既然"伪装突袭"的基本思路没变，对现有装备进行伪装就依然有必要。车辆在维护时都被重新刷了漆，覆盖了原先直接喷涂在车身上的美军标识，可是当要添加在阿登地区驻防的美军部队的具体标志时德国人犯了难。由于情报缺乏，维护人员不知道应该喷涂什么样的部队标识，于是他们只能依靠猜测和想象画了起来。最终，德军决定将这些车辆伪装成美军第5装甲师的装备。战后，美国人在战线上发现了几辆涂着 B4、B5、B7、B10 字样的伪装成 M10 坦克歼击车的豹式坦克，这些坦克上的标识表明它们属于第5装甲师第10坦克营B连。还有遗留在马尔梅迪以南博涅（Baugnez）附近的一辆据信隶属于Y战斗群的III号突击炮，车身上涂着"5–81–C5"的字样，表示其是第5装甲师第81坦克营C连的5号车。然而，德国人并不知道美军第5装甲师根本就不在阿登地区。

与伪装同时出现的另一个问题就是敌我识别：当两支服装和迷彩完全相同的部队混杂在一起时，如何才能分清敌我？为防止被己方误伤，据说第150装甲旅的士兵都戴着蓝色或粉红色的领巾，解开军服的第二个纽扣，手持发红光（晚上）或蓝光（白天）的手电筒。舍夫上尉后来回忆时也提到了相关信息，"各战斗群的所有车辆都在显眼的地方画上了战斗群的代号——X、Y和Z。坦克的后部则画上一个黄色三角形，士兵的美制钢盔上也绘上了X、Y和Z，这样德军士兵就能识别出第150装甲旅的人了"。不过这样一来，又增加了暴露身份的可能性，因为德军其他常规部队的士兵们自然会被告知这些识别方法，毫无疑问盟军的情报人员也会通过审讯战俘获知这些情报。

若仔细品味，"狮鹫"计划的一些细节还是非常有意思的。

其一，由于需要同时对3座桥下手，德国人的夺桥计划并非苏联人在东线进行的几次伪装夺桥那样——直接将部队开上桥面，之后肃清两端守军——而是先在桥梁附近占领一处接近地，对桥梁及其附近敌情进行侦察，再根据侦察的结果制订具体的攻桥方案。这也意味着3个战斗群将会同时发动进攻，以免盟军在某座桥梁遇袭后，加强其他几座桥梁上守军的戒备。

其二，武尔夫中校的X战斗群没有坦克，因此他们看起来更像是一支轻装快速部队，和1940年在荷兰境内突击各处要隘的德国伞兵部队相似。问题是第150装甲旅的训练水平远不能和当年夺取比利时要塞与荷兰桥梁的前辈们相比，由于他们并非直接伪装成盟军混上桥头，而是从接近地发动进攻，斯科尔策尼是否会要求他们和其他两个装备有坦克突击炮的战斗群一样，通过强攻来夺取目标呢？这一点斯科尔策尼本人也语焉不详，后来战事的发展也令其最初的计划无从查考。有西方学者认为，X战斗群的真正任务并非夺桥，而是从马斯河对岸支援其他两个战斗群的作战。

其三，德国人打算让各战斗群伪装开进到桥梁附近，这已经是当初那个雄心勃勃的伪装突击计划仅剩的一些残余了，但是德军官兵是否打算伪装成美军发动突袭呢？这一点斯科尔策尼和两名战斗群指挥官在战后的供词截然相反：斯科尔策尼声称他们并不会让德军官兵穿着美军制服上桥，德军身上的伪装在抵达集结地后就会脱掉；而武尔夫和舍夫则认为，德军从一开始就计划要穿着美军制服夺桥，而且他们也收到了伪装上桥的命令。这实在令人难以定夺：斯科尔策尼的说法完全可能是在战后的审判中为了减轻罪责的借口，而武尔夫和舍夫的观点也并非无懈可击，第150装甲旅的绝大多数官兵还是德军的行头，他们根本不可能伪装成美军发动进攻！在后来的战斗中，德军在进攻时让直属连的伪装小组作为先锋，而这很可能正是斯科尔策尼和战斗群指挥官的分歧所在。笔者推测，斯科尔策尼在最初的计划中要求各战斗群投入伪装成美军的特种小组作为开路先锋，打算通过制造混乱破坏美军工兵的炸桥措施，而战斗群主力则以德军身份发动进攻。当然这只是一家之言，历史的真相还有待更多证据的出现才能得以确证。

虽然斯科尔策尼对三名指挥官很有信心，但是整个格拉芬韦尔营地里暂时仅有哈迪克一人知道"狮鹫"计划的真相，舍夫和武尔夫还不了解第150装甲旅的真正使命，毕竟这是一个需要高度保密的任务。斯科尔策尼很清楚这样的保密措施会给部队的训练带来恶劣影响，但是他别无选择。11月上旬，当舍夫和武尔夫来报到时，斯科尔策尼对他们讲述了一项满是烟幕的作战任务：盟军在西线准备发动一场新的攻势，第150装甲旅的使命是嵌入敌人后方瓦解其进攻。在盟军发动进攻之前，全旅将进入前线一处修建在高山密林之下的地下掩体内隐蔽起来，当敌人越过该地区向前继续推进时，该旅将从经过严密伪装的地下掩体内杀出。其中部分官兵要穿上美军制服，伪装成从前线撤下来的美军，向敌人战线后方挺进。在那里他们将要卸下一切伪装，以德国军人的身份与盟军作战。

交代完这些之后，斯科尔策尼还再三告诫他们，这是最高级的机密，关于这项作战任务的探讨决不允许让其他任何人知道。但是机密归机密，武尔夫和舍夫却觉得越听越玄乎，这样的行动能达到瓦解盟军进攻的目的吗？两人一齐向斯科尔策尼提出了异议，当然，后者只是一笑置之，要他俩走着瞧，好戏还在后面呢！

11月20日前后，斯科尔策尼第一次来到格拉芬韦尔的营地。除了视察训练了解情况外，他还给武尔夫和舍夫透露了一点原先并没有提及的作战计划，"我们旅的真正使命是在敌人战线后方夺取一座或多座桥梁，我能告诉你们的是我们要到敌人发动进攻时才出动。这就意味着我们要身陷重围、孤军奋战，而且必须誓死守住那些桥梁"。这样一来，他们至少可以就一些必要的战术问题进行讨论了，斯科尔策尼希望能够在秘密最终揭晓之前为作战行动设计一套合适的部队机动路线。不过，他此行的兆头似乎不太好，就在他和3名指挥官会谈时，指挥所附近突然传来了几声巨大的爆炸！原来，几辆运载美军弹药的车皮在卸载时"适时"爆炸了，会面只能临时结束，这次爆炸给第150装甲旅造成的损失远不止打搅了几名指挥官的会面。

但是无论如何，斯科尔策尼总算是把作战计划中最核心的两个要素向几名军官解释了一下，其一是伪装，其二便是桥梁的攻守。这样一来，他们至少可以在营地内展开一些与此相关的针对性训练了，尤其是在昼夜环境下对桥梁和周边设施的攻防战术、布雷以及夜间行军。不过，总的来说舍夫和武夫对于"狮鹫"计划的秘密还是知之甚少。斯科尔策尼不愧是特种战大师，在困扰特种作战的保密和训练这对矛盾之间，他凭借着这一点小小的谎言就取得了近乎完美的平衡。

由于第150装甲旅的人员来源繁杂，不得不给所有人配发了伞兵制服，免得他们穿着各军兵种制服跑来跑去。"任何违规都可能被判死刑"的措施执行起来确实很严格，未经允许谁都不得离开格拉芬韦尔营地半步，因执行公务必须离营的人走之前要签署几份文件，声明绝不透露任何内部消息，否则甘愿受死。为了保密，官兵们无法使用电话，所有的信件都要接受严格检查，有人就因为一时疏忽而丢了性命。12月2日，一名外出的士兵随身带了一封未经检查的信件，并在营地外寄了出去，事情曝光后此人被枪毙了。

严格的保密措施不可避免地带来了一个副产品，那就是谣传，既然官兵们无从知晓自己的真正任务，于是关于部队训练目的和任务目标的各种流言也就随之出现了。首先人们都知道日后将由斯科尔策尼来指挥这个旅，也许还希望他能率领部队去执行一次像营救墨索里尼那样能引起轰动的任务。在基地负责训练部队的哈迪克一级突击队大队长没能控制住谣言的传播，他试图采取更加严厉的措施压制谣言，却无济于事，流言蜚语的散布已经到了危及此次行动保密性的程度了。当他把这一情况向斯科尔策尼汇报时，后者要他过去面谈。

哈迪克向斯科尔策尼介绍了诸多令人啼笑皆非的谣传，"流言的版本有几十种之多，每种流言都有一批忠实的支持者，起码官兵们的想象力还是非常不错的"。有人说整个装甲旅将横穿法国，去布雷斯特解救那些仍然在盟军包围圈中英勇奋战的部队；另一个版本的内容和这个差不多，只是地点换成了洛里昂，谣传中甚至还包括如何杀入这些要塞的具体细节。斯科尔策尼意识到盟军情报机关肯定会听到这样的流言，甚至已经有所警觉并采取一些预防措施了。除了人员和装备不足外，如何应对这些流言成了他的另一个麻烦。他后来回忆说："经过一番考虑后，我们认定最简单的方法最有效。在确保此次作战的真正目标和任务只有三个人知道的同时，我们决定一边做出严查流言的姿态，一边给这些谣传火上浇油。我们要再创作出一些新版本的流言，设法使其传播开，并且愈演愈烈……我们的想法很简单：敌人的情报官会接到数不清的情报，各种各样的假情报会让他们根本摸不清头绪。"

斯科尔策尼的回忆里遗漏了一个日后将会"威震西欧"的谣传，直属连里有人认为自己将会去刺杀盟军统帅艾森豪威尔！当然这不是真的，但的确让盟军实实在在地吓了一跳。

除了掩盖真相之外，这些流言也会激起一些士兵心中的英雄主义情结，即便大战已经步入尾声，仍有一些年轻的德国人还在梦想着要为"第三帝国"建功立业。而老兵就不会那么容易冲动了，他们知道这种秘密行动和正常的作战根本不是一回事，他们还知道使用敌人的武器、装备和军服意味着自己会违反《国际法》，一旦被俘很可能享受不到战俘待遇。不过，特殊的使命还是让这些人充满了好奇和兴趣，如果他们的战友参加了，那他们也会参加。

说英语的"直属连"

第 150 装甲旅直属连是"狮鹫"行动中唯一一支全副美式装备且人人都要说英语的部队，他们的任务是进入美军后方制造混乱并进行破坏活动。于是，这个小小的直属连也构成了日后欧美人士对"狮鹫"行动最主要也最深刻的记忆。

第 150 装甲旅本来就被层层迷雾包围着，作为机密中的机密，第 150 装甲旅直属连更是一支没有"历史"的部队：为了严格保密，德军在组建这支伪装突击部队之初就尽可能避免留下诉诸文字的命令或档案，后来相关的少量文件也由于德国战败而被全部销毁，目前尚没有任何人见过当年第 150 装甲旅直属连留下的任何文件。后来人们关于这支部队的一切了解全都来自当事人的口述。

口述本来也是研究历史的一种重要手段，但问题是第 150 装甲旅直属连本就神秘，又被当时的美军出于宣传的目的有意夸大了规模，加上美国人喜欢猎奇的天性，这支特种突击队的故事被越传越夸张，越传越离谱，越传越玄乎，甚至被美国人在战后当作阿登战役初期失利的一块"遮羞布"。这种反复虚化的结果只要看过美国电影《坦克大决战》（原名"Battle of Bulge"，意即"突出部之战"）就能明白。在这部拍摄于 20 世纪 60 年代的电影里，这支伪装成美军宪兵的德军部队改路标、杀工兵、占油库，还将美军增援部队出发的消息报告给己方部队，几乎无所不能。然而，实际情况又是什么样的呢？

这支别动队早在希特勒构思"狮鹫"计划时就是整个行动中最重要的一环，而当全旅其他单位与"特种部队"的身份渐行渐远之时，执行后方破坏袭扰任务的直属连却始终保持着别动队的本色。客观地说，美国电影里的德军突击连确实就是希特勒想要的，可是他们却并没有真正达成目的。

鉴于直属连留下的文字资料实在稀少，本文就不得不提到海因茨·凯斯勒（Heinz Kessler）撰写的自传体著作《最后一击——1944年的阿登攻势》（Der letzte Coup. Die Ardennenoffensive 1944）一书。作者在书中介绍了一个名叫格斯勒（Gessler）的士兵的故事，至于这个"格斯勒"和作者凯斯勒本人的关系，显然不言而喻。这部以作者本人经历为主要依据的作品能够为读者揭开这支神秘部队的一角，因为里面提及了第150装甲旅直属连的组建筹备工作以及随后的渗透行动。

在部队组建阶段，凯斯勒写道：

……11月8日，格斯勒和他的伙伴们被分开了，他和一群军衔各异、来自德军各军兵种的士兵一起被领进了一间屋子。这些人中有伞兵，有袖子上戴着维京师袖标的党卫军士兵，甚至还有海军来的厨子。所有人都很安静，这时候大家谁都还不认识谁。

中午，他们吃了一顿分量不足的面条，随后就在指挥楼前排成了一行。片刻后，一名身材高大肩膀宽阔的中尉走出大楼，向这些军人走了过去。中尉的脸和许多烟鬼一样是烟褐色的，上面长着一个高高的鹰钩鼻子，脖子上戴着耀眼的骑士铁十字勋章。他说自己叫"施蒂劳"，是这个说英语的连队的连长，他还告诉众人他们将要穿着敌人的军服执行任务，至于其他的细节现在他不便透露，行动的总指挥还在等着希特勒发出更详细的指示。

这时，一名海军少校向前迈了一步，施蒂劳告诉我们，他是冯·贝尔少校（此人的原型应该就是菲利普·冯·贝尔）。贝尔个子很高，但显得有些憔悴和瘦弱，脸色也不好看。他用冷酷的灰眼睛在众人身上扫视了一圈，随后开始训话。他告诫大家，胡子在任何时候都要刮干净，因为真正的英国军人即使在战壕里也经常刮胡子，他还说美国人总以为他是英国人……最后他告诉众人，这是一支十分特殊的部队，他们每个人都有可能去执行非常特殊的任务，希特勒还会亲自来表彰他们。贝尔讲完后，施蒂劳宣布解散，当天的任务到此结束。

第二天，纳粹党大区领袖来视察慰问部队，多少给官兵们带来了一点好处，起码午饭就相当不错。天天吃的炖菜面条不见了，换成了美味的汤、肉丸子、土豆沙拉、香草布丁和樱桃汁。然而还有令官兵们大喜过望的好处：平时他们拿到的干粮都是一块面包、一块黑布丁和两支烟，还有一些人造奶油、人造蜂蜜之类的调味品；当天他们却领到七十克鲜奶油、两百克香肠、八支烟，还有必不可少的一块面包。这可算是当时德国军人的顶级伙食了。

午餐后，英语连的官兵开始上所谓的"美语会话"课，任课老师是一名头发花白的老兵。他告诉这些"学生"，自己是德裔美侨，是从美国海军里逃出来回到德国的。随后他就在课堂上向官兵们讲述了一些美国兵常用的脏话和口语，以及美国人的生活方式。一次课间这名老师还对官兵们说，他曾经伪装成美军战俘混入战俘营，以了解那些美国兵最近都喜欢说些什么样的俚语。英语连每天都要学习"美语会话"和美军军语，课间也要自习。

11月13日，英语连又在指挥楼前列队。施蒂劳中尉告诉官兵们，他们将要被重新分组。原先的第三组改为第四组，他们以后就是预备小组；第二组被一分为二，在学校里学过六年英语的人将留在原组，其余人则组成新的第三组。施蒂劳连长亲自负责第一组，第二组组长是施图迪克（Studik），新组建的第三组组长是施密特胡贝尔（Schmidthuber）中尉，格斯勒就被分配到了第三组。这个小组随即离开了这里，来到了3号指挥楼处。在那里，施密特胡贝尔告诉组员们通信禁令解除了，但是所有信件必须要先上交到待命室，而且不能封口。一个小时后，连部办公室的桌子上就出现了一堆信件，但是两名负责检查信件的少尉却发现这些信件内容基本上大同小异，因为除了问候，官兵们谁也不敢在信里写更多的东西。

两天后，第一列列车满载着被德军缴获的美军装备抵达了南营（Südlage），施密特胡贝尔的小组负责卸车并把武器和弹药搬运到铁路附近的仓库里去。整个下午，施密特胡贝尔的部下都在忙着把卡宾枪、机枪、火箭筒、卵形手榴弹包装箱和弹药箱从火车上搬下来，再扛到存放处。最后一节车厢里装满了军服，这些卡其色的裤子衬衫夹克没有几件是完好的，它们要么被撕破，要么就沾满了血污，这些衣服看上去像是从死人身上扒下来的。士兵们毫不客气地把这些包裹丢进了仓库的角落，谁也不想去穿它们……

11月21日上午，英语连的小黑板上写着"14点——A1楼前列队"的通知。时间到了，全连在指挥楼前排好了队伍，施蒂劳走到队列前方站定，用坚定的语气告诉部下现在要组建别动队了。每个突击小组由 4 人组成，配备 1 辆吉普车，驾驶员由组长兼任，其余 3 人分别是"翻译"、"杀手"和工兵。施蒂劳以炸桥为例向大家介绍了突击组成员在战斗中的任务分工，最后他要求所有人在日落之前到连部办公室里报到，每个人都要考虑好自己在别动队中能担负什么样的任务。

第二天，全连列队完毕，那些即将参加别动队的官兵都被点了名，最后站在施蒂劳面前的只剩下了 100 人，格斯勒就是其中之一……施蒂劳告诉他们，他们将被配属给沃尔夫中校（原型人物应该就是武尔夫中校）的 X 战斗群。该战斗群驻扎在基地内的一处单层兵营里，那里有伞兵、装甲掷弹兵、反坦克手和坦克兵。他们不会说英语，但是会为这次特种行动提供支援……傍晚，那些没有被选中参加别动队的人来了，各连连长开始挑选自己用得上的人，格斯勒与其他 8 名战友一起跟在格拉博夫斯基中尉后面来到了装甲掷弹兵的营房……"

即便在志愿者中千挑万选，英语水平足够好的人数量仍然不足，此时凯特尔拉了斯科尔策尼一把：他以最高统帅部的名义把那些曾在 1936 年柏林奥运会上为英语国家代表团成员和来宾提供服务的人员都给找了回来，要他们到弗里登塔尔报到。这样一来，斯科尔策尼手里就又多了 162 名说英语的人，不过这些人大都不是真正意义上的军人，编入部队前大部分人只接受过有限的军事训练。在条件有限的情况下，斯科尔策尼别无选择，这些人再差起码英语口语能过关，对于他们将要执行的任务而言，成员的"美国人味道"显然比军事素质更为重要。他挑选了部分各方面条件还过得去的人员编入了直属连，但对这些人在情报搜集、情况判断等方面的能力基本不抱希望。

好在直属连确实是个不错的团体，虽然大家来自"五湖四海"，但是施蒂劳一级突击队中队长卓越的管理艺术和人格魅力很快就让官兵们成了兄弟。根据该连成员战后回忆，全连官兵彼此亲密无间、氛围融洽，犹如长期在战壕里并肩战斗生死与共的士兵。不过，军人间的情谊并不妨碍他们充分发挥自己的想象力，其他单位里四下流传的谣言同样充斥其间。对此，斯科尔策尼后来写道："我们甚至没有时间去训练他们如何应对敌军情报人员的审讯，好在这些人所知道的大多是些流言，他们对此次行动的真实目的实际上一无所知，所以我并不觉得他们会危及我们的主要目标。反过来说，各种各样的谣传反而会把敌人引到歧路上去。"

虽然格拉芬韦尔营地里原先准备对全旅进行英语培训的"口语训练班"被迫停办，但是直属连的英语培训工作却始终在进行，毕竟这是他们执行任务的基石。最高统帅部也接受了该旅的现状，同意在敌军撤退时让伪装成美军的突击队员混入其中，斯科尔策尼打算将直属连的官兵以小组为单位分派出去，由连长施蒂劳一级突击队中队长具体负责。为了进一步强化突击队员的口语水平，除了在营地里举办短期口语培训班外，有部分队员还被挑选出来进入各地的美军战俘营"体验生活"，让他们更直观地学习一些美式俚语和美国兵喜欢的娱乐方式。

直属连口语训练班的主要内容是观看美国战争电影，好让官兵们熟悉美军的常用口语、脏话和一些军语，此外，几名战前在美国生活过的人还在课堂上介绍了一些关于美国人风俗习惯的常识。那些被送到美军战俘营的官兵在那里待了三个星期，在真正的美式英语环境下提高自己的口语水平——在战役开始前准备时间非常紧迫的背景下，这三个星期的时间显得极其可贵。那些在战俘营里"体验生活"的德军官兵回来后，都"觉得自己变成了彻头彻尾的美国佬"。

进入12月，直属连的官兵接受了特殊军事技能的强化培训。1944年12月23日被美军枪决的24岁的威廉·施密特一等兵在军事法庭上供认：直属连是一支特殊部队，其中有40名军官，他们接受的训练内容包括对美军编制、部队的军徽标识和训练风格的介绍，语言训练，以及爆破和无线电操作训练。全连被分为三个单位——工兵组、侦察破坏组和无线电组。工兵组的任务是摧毁敌人的指挥所；侦察破坏组的任务是炸毁敌人的通信站，切断通信线缆；无线电组则要在美军后方执行侦察任务，确保德军的进攻部队随时能够了解盟军的计划和动向。

12月初，随着数十辆美军吉普车和首批武器及制服的运到，直属连的官兵才第一次初步了解了他们将要执行的任务。12月12日，全连官兵领取了美军制服、驾驶执照和供应证，众人被告知了美军第5装甲师的许多细节以及不少用来防备盘查的其他知识。眨眼之间，原来的汉斯中尉和施密特下士就摇身一变，成了约翰少尉和杰克逊上等兵，直到此时他们才知道了自己的真实任务。现在已经无从知晓这些德军官兵知道这一切后的心绪，抑或是否有人想要退出，但是正如被美军俘虏的直属连成员在军事法庭上的供词所述，哈迪克一级突击队大队长早就告诉过这些人："要么乖乖地去执行任务，要么被枪毙。"

第150装甲旅直属连的最基本作战单位是"吉普小组"，每辆吉普车配备3名或者4名成员。他们的角色分别是驾驶员、指挥官、专业技术兵（无线电报务员或者工兵等），可能的话还有一名英语水平很高的专职"翻译"负责应付那些找上门来的美国人。小小的美式吉普可以搭载相当数量的所需物资，各小组携带的物品各不相同，但差别不大。有的小组带着2支冲锋枪、1把手枪、12枚以上的手榴弹，以及藏在美式饭盒里的炸药、雷管等爆破器材；还有的小组则带上了2支斯登冲锋枪、2支点45口径手枪、1支鲁格手枪、6枚手榴弹，以及1台双通道无线电台。此外，各小组还随身携带数额不等的美元或者英镑。不过，突击队员身上携带的美军证件并不齐全，不少人没有通行证或驾驶证，有些人连美军的身份卡（狗牌）都没有。大部分人还多少保留了一些德军配发的物品，例如识别牌、供应证和餐具饭盒之类的杂物。最后，每名队员还领到了一个装有毒药的胶囊，一旦被俘，他们可以用它来自杀。

"吉普小组"是别动队执行任务的理想单位。单个小组若规模过大，则不免会引人注目，而且在直属连总人数有限的情况下，单个小组人数过多必然意味着小组数量不足，这就会大大限制其作用的发挥；反过来，突击小组需要执行破坏、侦察等多项任务，若人数太少则难以完成这些任务，3—4人的"吉普小组"刚好能在这对矛盾之间取得平衡。另外，虽然直属连集中了斯科尔策尼能够得到的英语水平最好的人，但是部分成员的英语水平还是难以让人完全放心，因此只能采取优劣搭配的方式将那些英语水平最好的人和稍差一些的人组合在一起，让每个小组都勉强具备能够深入美军后方的能力。最后，在能用的美式车辆数量有限的情况下，这样的作战形式还算比较容易实现。

有意思的是，德军的阿登攻势开始几天后，盟军的宣传机构之一——加来广播电台宣称盟军俘获了250名斯科尔策尼的部下。斯科尔策尼对此却嗤之以鼻："这些数字或许并非纯属虚构，若如此，那他们抓住的正宗美国人一定比德国人多得多。"

▲ 约阿希姆·派普（1915—1976年），党卫军著名人物。1938—1939年间加入警卫旗队，进入党卫队不伦瑞克军官学校学习。后成为希姆莱的一名副官，战争爆发后回到警卫旗队。1943年获得骑士十字勋章，1944年获得橡叶饰，后又因在1945年1月11日的阿登战役中指挥"派普战斗群"作战出色而被授予双剑饰。战后因"马尔梅迪"事件，被送上军事法庭并被判处死刑。1951年改判无期，最终在1956年获释。1976年7月13—14日夜，被不知名的攻击者谋杀，目前该案仍未侦破。

加来电台发布的这一数字确实是大得离了谱，就算他们把整个直属连全部逮了去也不会有这么多人。但话又说回来，斯科尔策尼在战后接受采访时声称的9个进入敌后的小组仅有2个未能返回，这一数字似乎也有些偏低了，因为美军方面的可靠审判记录显示，美军共审判了19名斯科尔策尼的突击队员。实际上，第150装甲旅直属连组建的"吉普小组"的真实数字直到现在仍然是一个未解之谜，没有留下任何文件，也无人能够拿出准确的数字。本来施蒂劳手下的突击队就是在穷凑合，再加上德军刻意避免留下文字记录，最后相关的德军指挥官还可能由于担心被判重刑而刻意缩水突击小组的数量，几方的数据对不起来也就不奇怪了。

根据现有资料，斯科尔策尼和其他9名"狮鹫"行动的参与者在1947年接受美军审判时的供词表明，第150装甲旅直属连共有160人，编为39个"吉普小组"，其中24个侦察组、8个无线电组和7个工兵突击组，每组4个人。这个数字应该比较靠谱，不过这仅仅是编制数量，实际上参战的突击小组很可能并没有这么多。斯科尔策尼亲自指挥1个工兵组、5个无线电组和12个侦察突击组，这些小组在

▲ 进攻途中，一名肩挎M1卡宾枪、身着美国伞兵迷彩夹克、头戴德国钢盔的德军突击队队员正从被摧毁的美军反坦克炮前经过。这张照片是第150装甲旅突击连成员仅有的几张战地影像之一。

∧ 在波托村附近被击毙的第150装甲旅突击队成员。

战役过程中自始至终通过无线电台接受斯科尔策尼的直接指挥。除此以外，第150
装甲旅的 3 个战斗群各编入了 4 个小组，第 6 装甲集团军的进攻矛头警卫旗队师和
党卫军第 12 装甲师也得到了几个小组，其中警卫旗队师的派普战斗群和汉森战斗
群各有 2 个侦察组及 1 个工兵组，党卫军第 12 装甲师则得到了 3 个小组。

还有资料显示，这些"吉普小组"在战斗中并非完全各自为战，而是分成几个
分队，每个分队包含数量不等的小组。根据一些西方学者的观点，实际上真正进入
美军后方执行任务的突击队员不会超过 50 人，其中与美军发生接触的更是不足一
半。事实就是这样，一场在盟军后方掀起轩然大波的源头，居然就是这样区区十余
个"吉普小组"。

虽然斯科尔策尼一开始就在各方面一再降低要求，但实际上一直到进攻发起之
日，斯科尔策尼的部队仍远远达不到他最初预想的水平，无奈之下他只能提高实施
"狮鹫"计划的前提条件。按照希特勒的设想，德军在进攻发起首日就能突破美军
防线，第二天就该到达并渡过马斯河，他觉得当时措手不及的盟军肯定会陷入混乱
之中，并迅速向后撤退。在斯科尔策尼和他手下的几名军官看来，战况显然不会那

N

▲ 第150装甲旅战斗群预定路线和突击小组活动范围。

么乐观，数个星期的时间对于组织和协调一支常规野战部队来说尚且不可能，更何况是这样一支执行特殊任务的部队。假如这支部队能够依计划满足人员和装备的要求，那么他们还能有大约一半的胜算，而现在他们几乎没有任何一丝成功的机会。斯科尔策尼在受领任务时就向希特勒提出了这一点，"这好歹让我的良心得到了些许安慰，至少我已经把想法说出来了"。

客观地说，斯科尔策尼的确在特种作战方面有一定天赋，希特勒对他的才华十分欣赏，盲目地相信他能够完成这项简直不可能完成的任务。正如一句德国的俗话所说"有时候不顾一切，反而能成功"，即便部队实际状况是如此不堪，德国人还是想去试一试。

决战前的最后时刻

格拉芬韦尔的秘密没有保守太久。

1944 年 12 月 2 日，哈迪克一级突击队大队长、武尔夫中校和舍夫上尉又一次来到了斯科尔策尼的指挥部。签署保密文件之后，斯科尔策尼按下一个电钮，随着墙壁上的幕帘移到两侧，一张巨幅西线作战地图展现在了他们面前。斯科尔策尼告诉他们，忘了"乌鸦岭"吧，好戏就要开场了。

直到这时，武尔夫和舍夫才发现，他们先前听说的什么地堡啊、山林啊等敌人先进攻之类的话语原来统统都是斯科尔策尼的障眼法，只有伪装和夺桥这两项内容是真的。让他们大吃一惊的是，看似日落西山的德军竟然还在筹备一场大反攻，而他们自己则要在这场反攻中扮演重要角色：第 6 装甲集团军的装甲部队攻占上芬恩高地之后，他们将超越党卫军装甲师投入战斗。全旅将离开己方主力，驾驶伪装的美国坦克和车辆，穿着美式军服，伪装成撤退的美军部队，推进至马斯河上的多座桥梁处，在河流两岸建立桥头阵地。夺取桥梁后，官兵们要丢掉美军制服，抹去坦克和车辆上的美军标识，以德军的身份进行战斗。

武尔夫中校的 X 战斗群要夺取最北边的昂日的马斯河桥，舍夫上尉的 Y 战斗群要拿下战线中央的阿迈的桥梁，哈迪克的 Z 战斗群的目标是南边于伊的铁路桥。这些桥梁他们一定要完好无损地夺取，以保障装甲部队快速通过，至于各战斗群的具体部署，旅部将根据整体战局的发展单独通知。各战斗群将进入马斯河方向上各装甲师的进攻地域，伴随这些装甲师一同推进。斯科尔策尼还告诉手下的军官们，进攻发起两天后，1个执行特殊任务的伞兵营将会被空投到上芬恩高地后方以封锁重要路口，支援主力作战。这一次，斯科尔策尼拿出了3座桥梁的航拍照片，并就如何攻占和防守这些桥梁的更多细节与部下进行了讨论，不过为了避免过早泄密，这些照片还是没有被发给各战斗群。最后，指挥官们还得知，在行动开始之前，第150装甲旅将要首先从格拉芬韦尔转移到科隆的瓦尔训练场。

武尔夫和舍夫终于明白这一个多月辛苦训练是为了啥，哈迪克则早就知道了。至此，"乌鸦岭"这个代号完成了自己的使命，"狮鹫"计划粉墨登场。第150装甲旅的战前准备工作进入了最后阶段，为了转移部队，第150装甲旅的各个单位在12月的最初几天里忙得不亦乐乎，直到所有坦克和车辆都被装上铁路平板车，人员和其他装备也收拾妥当同车前往。

12月4日夜间，部队陆续向西开拔。由于盟军掌控了德国的天空，再加上部队的训练不够充分，他们的旅途并不顺利。运兵列车在韦茨拉尔（Wetzlar）近郊遭到了空袭，此后列车大白天只能在林木茂密的支线上隐蔽，天黑后才能开出去，走了好几个晚上部队才抵达瓦尔训练场，坦克卸车后迅速做了伪装，轮式车辆和步兵则隐蔽在距离高速公路不远的一座被炸毁的村镇里。按照计划，在夜幕的掩护下轮式车辆将趁夜驶上高速公路，经过锡格堡（Siegburg）和博伊尔（Beuel），在波恩南部渡过莱茵河进抵梅肯海姆（Meckenheim），一直开到莱茵巴赫（Rheinbach）。坦克无法从公路走，还是得走铁路，最终在莱茵巴赫与其他车辆重新会合。在科隆地区，列车再次遭到了轰炸，好在没有受到什么损失。

就这样磕磕绊绊一直拖到12月8日，第150装甲旅才全部撤出格拉芬韦尔训练场。2500人的转移过程耗费了足足4天，即便考虑到交通状况不佳，这样的效率也实在不算高，按照斯科尔策尼的解释，如此拖沓是为了"尽可能多的挤出一些训练时间"。

12月12日，第150装甲旅真正的指挥官奥托·斯科尔策尼终于以旅长的身份来到了部队的新营地，虽然大部分基层官兵并不知道他们将在何时参战，但是刚刚完成的转移和斯科尔策尼的到来显然向部队发出了明确信号。有人用试探的口气问斯科尔策尼："我们就要上前线了吧？一级突击队大队长。""你该去问问对面的美国佬，他们什么时候会向我们进攻"，斯科尔策尼答道。

12月13日夜，旅部发出命令，全旅再次离开集结地向西转移，这一次，他们的目标是布兰肯海姆（Blankenheim）森林里的宿营地。由于舍夫上尉是侦察排长出身，他的 Y 战斗群这一次做得比其他两个战斗群都要好：13 日上午，舍夫上尉亲自带着摩托车侦察排沿着预定路线到目的地转了一圈，找准了位置并弄清了路况。在侦察排的指引下，Y 战斗群在当晚午夜前就完成了行军，而另两个战斗群要么迷路，要么走散，直到天亮后才全部到达目的地。此时的天气阴冷而潮湿，地面也有些泥泞，这样一个时间、地点在帐篷里过夜可不是什么舒服的事情，不过旅里有不少人都在东线打过仗，所以大家也还能勉强忍受。第 150 装甲旅的官兵们此时忽然发现，党卫军第 1 装甲军的那些钢铁巨兽已经出现在他们眼前。看着"隆隆"驶过的坦克，他们相信自己的命运已经和装甲部队的成败紧紧联系到了一起。

12 月 14 日晚，党卫军第 1 装甲军将下属的师、团级部队和各独立单位的指挥官召集到军部的所在地施密特海姆（Schmidtheim）举行情况通报会，斯科尔策尼带着首席参谋阿德里安·冯·弗尔克扎姆（Adrian von Fölkersam）一级突击队中队长也参加了这次会议。在会上，他们终于知道了进攻的准确时间：12 月 16 日清晨 5 点 30 分，德军炮兵将进行一轮短暂的炮火准备，步兵随后开始发动进攻。会议最后，莫德尔元帅为斯科尔策尼把他"驯养"了一个半月的"狮鹫"拿出来，给与会的军官们做一番介绍。除了想让主力部队的指挥官对此心中有数外，还想针对第 150 装甲旅与其他部队的敌我识别问题进行一番商讨。毕竟该旅直属连的各"吉普小组"还要伪装成美军，若他们躲过了美军的追杀，却死在自己人的枪口下，那就太不值了。会上大家商定，别动队在昼间的识别信号是缠在手臂上的粉红色或蓝色的丝巾，队员在遇到自己人时也会摘下钢盔并举过头顶以表明身份；在夜间，别动队则用红色和蓝色的灯光信号作为标志。为了让这些识别信号发挥作用，相关内容很快就被印成了书面文件，下发到各部队。

根据舍夫上尉的回忆，斯科尔策尼回到旅部后，向各单位指挥官做了进一步的情况通报，向他们全盘托出了"狮鹫"行动的细节及其重要性。他向各战斗群分发了其目标桥梁的航拍照片，并告诉大家一旦部队按时抵达上芬恩高地，各战斗群在接到密令后要迅速扑向马斯河，他还特地强调说，到时候将由他亲自发布这道密令，夺取桥梁的具体方式则由指挥官当机立断或者与下属讨论决定。斯科尔策尼还宣布，在得到新的命令之前，全旅将暂时纳入党卫军第 1 装甲军建制内。多年之后，他对这次战前会议的细节仍然记忆犹新。

我相信这些身经百战的老战士能够排除万难，我强调了保持通信联络畅通的重要性，还针对行动细节与他们进行了长时间讨论。如果有一名士兵惊慌失措，如果有人提前开了枪，那一切就完了，我们的军官和士官要管好手下的士兵。各战斗群要不顾一切地向前推进，要如何夺取目标桥梁，取决于当地的态势。我部实力不足，无法与敌人缠斗，只有敌军全线崩溃陷入混乱，或者攻击首日我军就能突入敌军防线纵深的情况下，我们的计划才能获得成功。

12月15日夜，阿登前线的德军一侧道路上骤然间挤满了向西开进的行军队伍。当晚大雾弥漫，地形又迫使盟军的夜航侦察机无法低飞，因此德军的开进得以在盟军几乎毫无察觉的情况下顺利完成，对此斯科尔策尼评价道："我们都觉得，这是整个进攻作战的好兆头。"

此时，远远谈不上准备充分的第150装甲旅已然各就各位。斯科尔策尼把自己的旅部搬到党卫军第1装甲军军部所在的施密特海姆镇郊一座有2个房间的小屋里，并在周围的树林里架设起了他的5部电台。不久后，电台里传来了3个战斗群的消息，它们已在装甲部队后方集结待命。不过，此时电台间的通信状况并不稳定，旅部与各战斗群的报务员协作时间还是太短，相互之间缺乏默契，在纯粹靠手工调整频率且频率分配控制尚不完善的通信技术环境下实在是件令人头疼的事情，再加上天候不良和高山阻挡，谁也不知道开战后电台还能否叫得通。对此，即便强悍如斯科尔策尼也无能为力，只能在胸前画着十字，期待战斗中的无线电通信能够一切顺利。他的指挥部规模很小，连同斯科尔策尼在内只有5名军官，而他们却要负责整个旅的行军和协调。

在各战斗群的指挥所里，军官们围在刚刚拿到手的地图旁对行军序列、具体战术和可能出现的困难进行探讨。舍夫上尉关于行军和夺桥的设想很有意思，他后来回忆道："一旦我们行军路线上的昂布莱沃河与乌尔特河上有一座或者几座桥被炸毁，我就会立刻派出2支侦察分队，分别前往河流上下游寻找最近的完好的桥梁。我把这项任务交给了前卫分队，由我的副官兼通信官负责指挥，我会通过指挥车和X战斗群、Z战斗群以及前卫分队的装甲侦察车保持无线电联系。我们做了最坏的打算，即阿迈的桥梁已经被敌人控制住了。若如此，伪装小组就会设法找桥梁两端的敌人卫兵搭话，分散他们的注意力。当跟在后面伪装成美军的摩托车排和工兵上桥后，他们就要突然制服卫兵，以防桥梁被炸。我还告诫他们，在穿着美军军服时不要使用武器，要尽最大可能避免开火，除非是遇到了万分紧急的情况非自卫不可。同时，工兵要立即在附近搜索可能存在的爆破器材。一旦夺取桥梁，伪装小组要和第2装甲侦察排一起对桥梁附近两三千米的区域进行侦察。

"此外，我还计划让伞兵营长指挥的战斗群主力在占领桥梁后立刻行动，占领马斯河两侧的接近地，他们将在合适的位置上设置四道路障。随后预备队立即跟上，依托桥梁在河流两岸建立完整的防线，并在适当的位置布置重武器。这就是我在会议上向军官们通报的计划，其余事宜将临机决定。

"……那晚余下的时光里我没有再睡觉，太多的东西在脑海里翻来覆去，我仿佛还能听见最后一辆坦克开往出发阵地时的轰鸣。侦察排已经派出 1 个班去勘察 Y 战斗群明天要走的道路，这条路经施塔特基尔（Stadtkyll）一直到克罗嫩堡（Kronenburg），我们要经这条路跟在派普战斗群后面投入战斗。"

各级指挥部都忙了一夜，部队也没有闲着睡大觉。按照规定，各战斗群的车辆在投入战斗前，都要用橄榄绿色的油漆把车辆上伪装的盟军星徽抹掉。因此，在部队向出发区域开进的同时，特制的遮喷板和油漆都发了下来，直属连的"吉普小组"也全部就位。除了这些成建制的小组，没有直接参加别动队行动的直属连官兵都被分别配属给了各战斗群，例如舍夫上尉乘坐的装甲侦察车里就来了一位会说英语的上士，由于舍夫的英语水平不行，这名上士在必要时将伪装成这辆车的车长。

进攻前的最后一夜，斯科尔策尼回忆道："他们已经接到了出发命令，而我们只能焦急地等待着 X 时的到来。此刻，从最高指挥官到基层的每一个士兵，都已经心潮澎湃。"

"狮鹫"的神话

如前所述，斯科尔策尼的头脑很清醒，"狮鹫"的成败在很大程度上并不取决于第 150 装甲旅自身。由于无法按计划组建具有充分伪装能力的特种旅，这支特殊部队的作战便不可避免地需要仰赖他人：只有实施主攻的第 6 装甲集团军在战役打响后迅速击垮一线的美军，第 150 装甲旅才能利用美军防御崩溃措手不及之机潜入距离攻击出发线 100 千米外的马斯河。而第 6 装甲集团军能否做到这一点呢？

事实证明，战前诸多德军将领所担心的东西都在逐渐成为现实。德军在开战首日全线受挫，没能按照计划达成突破，第 150 装甲旅根本没有获得从突破口进入敌后的机会。对于第 150 装甲旅的官兵们而言，这场战役首日最显著的特征就是一个字：等——士兵们等着向前开进的消息；中级军官们等着新的进攻命令；心烦意乱的斯科尔策尼则干脆一大早就跑到党卫军第 1 装甲军军部，想等来"全线突破"的消息。但是和其他人一样，他想要的好消息迟迟不见踪影。

据舍夫上尉后来回忆，上午 8 点左右，Y 战斗群的先头部队离开了云克拉特（Jünkerath）附近的第 150 装甲旅集结地，向西边的尼德基尔（Niederkyll）方向行军。此时气温很低，空气湿乎乎的，薄雾笼罩着大地。由于道路泥泞，部队行军速度很慢，到后来几乎陷于停顿，施塔特基尔北面的一次交通堵塞甚至让沿线的车辆在那里等待了 2 个小时，部队迟迟无法向克罗嫩堡推进。中午时分，党卫军第 1 装甲军的 2 个装甲师开始按计划向前运动，狭窄崎岖的道路有部分地段还覆盖着冰雪，再加上交通堵塞，导致装甲部队根本无法顺利前进。即便进攻计划非常周密，但执行和组织情况显然一团糟，困难和失望接踵而来，让原先对进攻方案表示乐观的德军军官备受打击。主要依靠轮式车辆行进的 Y 战斗群干脆直接脱离道路行军，同时还要与派普战斗群保持密切联系，战役开始后的第一个夜晚，Y 战斗群是在洛斯海姆和洛斯海姆格拉本（Losheimergraben）之间的林间道路上度过的。

12 月 16 日的情况已经很清楚了，德军的进攻打得一团糟，按原来的打算，此时"狮鹫"计划应该取消了。可是，斯科尔策尼实在不愿意这么早就放弃，毕竟这是他和部下努力了一个多月的成果，何况他本来就不是个能够随随便便就认输的角色。于是，他把希望寄托在了将要超越步兵部队投入进攻的装甲部队身上，他希望这些坦克能够凭借坚甲利炮完成步兵部队没有完成的任务，迅速撕开美军防线。若能如此，德军就可以反败为胜，他的第 150 装甲旅也将重新获得混入美军队伍，占领马斯河桥梁的机会。因此，斯科尔策尼决定再继续等待 24 小时。

12 月 17 日，整个第 6 装甲集团军仅有警卫旗队师取得了一定程度的突破，其中派普战斗群的坦克已经开到了距离马斯河还有 67 千米的斯塔沃洛（Stavelot），在 2 天内走完了通往马斯河的一半路程，基本完成预期任务。然而，派普在攻占斯塔沃洛后没有继续快速推进，而且后续部队由于路况恶劣和交通堵塞迟迟未能赶上来，结果得到了喘息之机的美军迅速在派普面前组成了新的牢固防线。

随着党卫军第 1 装甲军各部分别投入战斗，第 150 装甲旅的各个战斗群也被拉开了距离。在最北边，伴随党卫军第 12 装甲师作战的 X 战斗群也随该师一起被堵在了埃尔森博恩以东动弹不得，而分别伴随警卫旗队师派普和汉森战斗群行动的 Y 战斗群及 Z 战斗群，则得到了向前推进的机会，跟着警卫旗队师一起沿着 D、E 两条路线向西运动。不过，当德军各部与美军爆发激战之时，这 3 个战斗群却在进攻部队的后面无所事事，美军的炮击还给个别单位造成了些许伤亡。

更令人沮丧的是，众人翘首以盼的好消息迟迟未见，当天下午却传来了一条噩耗：Z战斗群指挥官维利·哈迪克一级突击队大队长阵亡了！当时，斯科尔策尼让自己的首席参谋弗尔克扎姆一级突击队中队长到三个战斗群的指挥部跑一趟，希望弗尔克扎姆能让各战斗群与自己建立无线电联系。X战斗群和Y战斗群都报告说见到了弗尔克扎姆，通信军官却将哈迪克阵亡的消息向斯科尔策尼做了汇报，对后者来说这简直就是一道晴天霹雳！后来人们才知道，哈迪克的座车碾上了地雷。此时弗尔克扎姆已经抵达了Z战斗群，斯科尔策尼当即决定让他最好的参谋军官弗尔克扎姆立即接管Z战斗群的指挥权，这道命令正对了后者的胃口。

弗尔克扎姆一级突击队中队长是一员悍将。早在1941年6月，他就带领着勃兰登堡团的一支特种分队参加了对苏联的突袭，1942年又率队在高加索攻占了当地的油田，由此获得了骑士铁十字勋章。1944年10月，他还跟随斯科尔策尼参加了匈牙利布达佩斯的"铁拳"行动，斯科尔策尼对他寄予厚望不是没有道理的。

到17日下午，各处传来的消息都好不到哪里去。斯科尔策尼很清楚，德军的攻势虽然在部分地区取得了突破，但是已经无法"一举"抵达马斯河畔了。"狮鹫"行动成功的唯一机会便是美军兵败如山，而现在已经不可能出现这样的场面了。况且德军已经失去了突然性的优势，美军预备队正在逐步投入战场。在这样的情况下，斯科尔策尼即便采取行动，也不会有什么结果。对军人来说，要放弃一项已经计划好的任务，并不是件容易的事情。但是在深思熟虑之后，斯科尔策尼还是将放弃第150装甲旅作战行动的决定报告给了集团军指挥部，并且得到了上级的认可。当晚，取消"狮鹫"计划的命令通过无线电下达给了三个战斗群，各部就地宿营待命。正如计划的名称那样，"狮鹫"这种传说中半鹰半狮的怪兽终究只能停留在人们的幻想中。

不过，虽然第150装甲旅主力失去了穿插到马斯河的机会，但是英语能力较强、不用看突击部队战况的直属连还是按照计划混入了美军后方。实际上，绝大多数西方人对神秘的"狮鹫"行动的全部认知，就是这些说着英语、身穿美军军服、乘坐吉普车的突击队员折腾出来的。

同组建时秘而不宣、战斗中默默无闻的第150装甲旅主力部队不同，区区百余人的直属连确确实实把美军后方给搅了个底朝天。正如美军第12集团军群指挥官奥马尔·布莱德雷中将说得那样："50万盟军官兵在见面时相互玩起了'猫捉老鼠'的游戏。"德军渗透部队带来的忧惧和疑虑给美国人造成了几乎无法忍受的交流障碍，从一支部队前往另一支部队的参谋军官常常发现道路上布设了数不清的关卡，还都有重兵把守。任何时候若他们不能对安全检查及时做出回答，都可能面临耗时费力的审讯并耽误他们的工作，有大量士兵由于穿了一件德国佬的衣服或者没能报出自己的军籍号而遭到毫无意义的审查。这样的事情谁都不能幸免，高级军官也不例外。就连布莱德雷自己都无法幸免，他被哨兵反复盘问包括橄榄球比赛规则在内的稀奇古怪的问题。

在布莱德雷的无奈背后，是许许多多令人哭笑不得的小插曲。例如美军第1集团军指挥部的行政主任汉考克（Hancock）上校就报告了一起乌龙事件，两名刚到前线没几天的年轻美军军官就因被怀疑是德国间谍而被捕，起因是他们竟然一边大吃被大部分美国兵视作垃圾的斯帕姆午餐肉，一边说这肉很好吃——看来，富裕的美国人当德国人是叫花子了，不幸的是，他们此时正在忍受着这些"叫花子"的折磨。被误抓的美国人绝对不止这两名午餐肉爱好者，在阿登战役开始后的近十天里，阿登地区的整条美军战线上到处都不断传来"又抓住了德国人"的报告，随之而来的却是数不清的美军官兵在执行任务时莫名其妙地被自己人解除了武装，被扔到某个犄角旮旯里关上一阵子，再被放出来。

更可怕的是，并不是每名被误认为是德国间谍的美国兵都能重见天日，有些不幸的就彻底失去了解释的机会。18日，在雷希特以西的波托（Poteau）村附近，有一支四人的美军巡逻队在一长列美军骑兵车辆纵队的残骸旁见到了几个穿戴不像骑兵的美国人。他们觉得这些人穿的靴子有些不对劲，就跑过去问话，对方回答说自己是E连（Easy Company）的人。巡逻队员们知道，美军骑兵连的单词是"Troop"而非"Company"，于是他们便认定这些人是伪装的德国佬，并抢先开火将这几个人全部打死。然而在检查尸体时，巡逻队员却没能找到任何证明他们是德国间谍的东西，也许这几个倒霉蛋是恰巧路过此地的其他美军单位的人。

从另一个角度也许可以说明美国人对这支德军别动队的恐惧和崇拜直到今天仍未消除，在战后西方国家拍摄的多部与阿登战役有关的电影中，外表看起来和美军完全一样的德国人经常会出现在主角面前。

进入美军后方的区区十来个德军"吉普小组"之所以能够制造出这么大的乱子，与美国人自己的宣传失误脱不了干系。如前所述，战役开始后不久，加来电台就骄傲地宣称，盟军反间谍情报部门已经抓获了250名来自斯科尔策尼部队的德国奸细。现在已经无从知晓这个数字的来源，或许是美军当时从战线各处"抓获"的"奸细"

的总数，又或许是情报部门刻意地夸大宣传。无论如何，这样的宣传都让美国大兵在对己方反间谍情报部门肃然起敬的同时，留下了"还有几百个奸细没被抓住"的印象。于是在不少人眼里，所有的陌生人很自然地就成了"嫌疑犯"，混乱由此而生。

除了美国人自身夸大其词外，德军的严格保密措施连同格拉芬韦尔营地里的谣传也给美国人添了一把乱，其中最著名也最"有效"的事情发生在12月16日。在艾瓦耶（Aywaille）附近的孔布兰欧蓬（Comblain-au-Pont），一辆汽油几乎耗尽的吉普车开进一处美军补给站，司机随口和守卫油库的美国兵说了一句"Petrol please"（请给我加油）。卫兵立刻瞪着眼睛狐疑地盯着车上的4个人，美国人加油时一般说的是"Gas"，而不是"Petrol"，而且大兵们不会说"Please"，至少在如此匆忙的时候不会这么说，德国人在这个小小的细节上露出了马脚。卫兵发话了："你们知不知道这是在哪？"司机觉得他们可能已经被识破了，于是白了卫兵一眼驾车就走。卫兵搞不清楚状况，所以也没有轻举妄动。不过，或许是这组德国人真的气数已尽。他们的吉普车在结冰的路面上打了滑，迎面撞上了另一条车道上行驶的卡车，翻了车。周围赶来救援的美国兵发现这些人的美军制服里面还穿着德国军服。

几天后，这个渗透小组在接受审讯时将谣传当作真正的作战计划招供了。于是，盟军最高统帅部很快就收到了一份令人脑袋冒冷汗的情报汇总："……昨晚我军在列日附近俘虏了一名伪装成我军的德国军官，他身穿美军制服，驾驶美制吉普车，携带美军证件渗透了我军防线。下面就是关于此事的初步报告，仅包括审讯中的重要内容：擅长绑架和刺杀高级领导人的德军指挥官已经在一两天前穿越我方防线，与他同行的还有55—60名部下，他们的任务是刺杀艾森豪威尔将军。此人名叫斯科尔策尼，他和他的手下正是解救了墨索里尼，并在最近绑架了匈牙利摄政王霍尔蒂将军的那些人。斯科尔策尼及其手下身穿美军制服，携带美军证件和武器，其中大部分人化装成我方军官。他们的集合点之一是巴黎的和平咖啡馆（Café de la Paix），德军留在我军后方的特工人员及合作者将在那里与他们碰头，向他们通报关于艾森豪威尔将军的活动场所、安全警卫等重要信息。这些人都是冷血动物，他们随时准备牺牲自己的生命以完成刺杀盟军最高统帅的任务……"

盟军最高统帅部收到这份情报后，立即加强了警戒力量，一时间巴黎城内人心惶惶，几乎所有被盟军征用的建筑物门前一夜间设置起了层层岗哨，艾森豪威尔和其他盟军将领瞬间就消失在了公众的视野之中。无论真假与否，德国俘虏供述的行动计划如此翔实，想来谁也不敢掉以轻心。有意思的是，盟军方面甚至为艾森豪威尔找了个替身，让他吸引德国人的注意力。当然，所谓的绑架或者刺杀行动最终被证明纯属子虚乌有，被俘的突击队员告诉美军的只不过是他在格拉芬韦尔营地里听到的流言。第 150 装甲旅的真正目标，这些德军基层官兵也不清楚，正如前文所述，斯科尔策尼给种种谣传煽风点火的目的，就是故意搅浑水让美国人摸不到头脑。

除此以外，美国大兵将任务失败的责任推卸到了"德国奸细"身上，也在客观上起到了推波助澜的作用。12 月 17 日，据说负责坚守斯塔沃洛镇内昂布莱沃河桥的美军第 117 步兵团工兵排就因为遭到德军别动队的破坏而未能完成炸桥任务。当时该部报告说，午夜过后不久工兵们打算炸桥，可炸药却没有爆炸。他们不知道"自己中间已经混进了 2 个伪装成美军的斯科尔策尼的人，是他们动了手脚，破坏了爆破"。这份报告还提及德军突击队员的表现并非无懈可击，当天早些时候，在斯塔沃洛以北的燃油堆栈里，负责守卫此地的比利时第 5 燧发枪营的一个排就对"两人的身份表示怀疑"，然而美军到来后"二话不说就让他们加入了队伍，这些比利时人也就不好再说什么了"。

这份报告显然漏洞百出：首先第 150 装甲旅直属连官兵的伪装、英语口语水平和对美军部队的了解远不能说完美无缺，很难想象他们混入美军队伍中会不露马脚；其次，战斗中派普战斗群根本不知道斯塔沃洛北面不远处有一座大型燃油堆栈，如果斯科尔策尼的人到了这里的话，他们无论如何也会设法把这个重要情报传递给进攻部队，派普战斗群也就不会因燃料匮乏而被困在拉格莱茨附近了；最后，第 117 步兵团的这份报告未能得到任何其他报告的佐证。因此，德国别动队极有可能成了美军工兵用来推卸自己没能及时炸桥的责任的幌子。

不难看出，德军别动队的威名很大程度上是来自美国人自己的神经过敏（当然，在情况不明的战场上，保持"宁可信其有不可信其无"的态度是有道理的），因为直到阿登战役结束后，盟军仍在自己的后方四处搜捕"斯科尔策尼和他的别动队"。但无论如何，这支小小的特种部队确实给美军后方造成了巨大混乱，现有资料表明即便这些突击小组没能破坏太多的东西，他们的行动也已经打赢了一场货真价实的心理战。

第 150 装甲旅直属连的敌后行动给美军造成的混乱并没有持续太久，但正是这短暂的混乱成就了"狮鹫"的神话。

可怕神话的背后

直属连在美军后方引起的混乱很大一部分是美军自己疑神疑鬼造成的，那么，这些伪装成美军闯入盟军后方的突击队员具体做了哪些事情呢？很遗憾，现有资料已经无法就此给出一个清晰明确的结论。第150装甲旅的组建和作战是德军的机密，而直属连则更是机密中的机密，因此该连没有留下任何作战计划的书面资料可供后人参考。事实上，这样的作战计划即便曾经存在过，也只能是一个大致的区域划分，至于各个"吉普小组"的具体行动，则大多是由突击队员临机决定的。此外，大规模伪装渗透作战本身是对《国际法》的公然违背，如果军人被证明参与了这样的行动，他们也许会遇到极大的麻烦，这样的威胁使得许多参加了此次行动的老兵在战后缄口不言。这样一来，后人的研究不可避免地陷入了"巧妇难为无米之炊"的困境。

斯科尔策尼在战后讲述了很多关于直属连行动的细节，但实际上他对直属连各行动小组的具体经历并不是非常清楚，有的时候还会由于其他因素产生误判。斯科尔策尼在战后的回忆中提及了这样一件事："深入敌后最远的小组到达了马斯河畔的于伊，这里的桥梁原本就是第150装甲旅的目标之一。领队的德军上尉在一处十字路口误导了一支美军坦克部队，我方的无线电监听显示，这支部队的上级花了近2天时间来寻找他们。起初我们认为这个小组在某次战斗中被歼灭或者俘虏了，但是这个小组却仍在继续活动，到处切断电话线，并故意设置了错误的路标牌。"

德军监听到的美军有一支部队"失踪"的消息确有其事，那是美军第84步兵师的1个营，但是斯科尔策尼的讲述并不准确，因为这个营的迷路实际上和德军的别动队毫无干系。12月22日，美军第84步兵师335团3营奉命对博兰—韦兰（Beauraing-Wellin）地区进行侦察，次日下午又接到返回马尔什附近与师主力会合的命令。不过，该营归途中的一处路口已经被德军占领，营长只好选择了一条远路绕行，并暂时和师部失去了联系。由于无法与这个营取得联系，第84步兵师师部担心他们被德军俘虏或歼灭，该师的宪兵只好通过自己的无线电通信网络寻找该部。这就是德军监听到的"美军部队迷路"的真相。

通过这件事情可以看出，斯科尔策尼对直属连行动的了解可能属于盲人摸象，毕竟受限于恶劣的地形和天气状况，"吉普小组"和旅部的无线电通信联络十分困难，这就导致斯科尔策尼无法对直属连进行有效指挥。至于美国人，他们对德军别动队的了解就更加混乱了。不过，得益于众多旁观者和少数敢于公布自己经历的直属连老兵零散的回忆，后世的研究者还是能够摸索出一些关于德军别动队作战的蛛丝马迹。

和需要依靠主攻部队的胜利才能进入美军后方的三个战斗群不同，"吉普小组"的渗透时机要自由得多。按照最初的计划，这些"吉普小组"要跟在装甲部队后方，等战斗开始后向战场侧翼机动，寻找机会溜进美军战线后方。斯科尔策尼和连长施蒂劳之所以如此计划，主要考虑的是双方交火时美军的注意力会被德军主力吸引住，"吉普小组"便不会遇到太多的麻烦。但实际上这个计划并没有得到严格遵循，不少"吉普小组"找到机会后便径直闯入美军后方。

有记录显示，早在进攻开始前一天的 12 月 15 日，德军伪装小组就出现在了距离攻击出发阵地 60 余千米外的三桥镇附近。当天有个名叫"安德烈"的年轻人在小佩桥（Petit Spay）附近被几个坐在吉普车里的"美国兵"招呼了过去，这些人问他小佩村周边有没有美国人。当他回答说美国人都去了另一个方向之后，这辆吉普车就向村里开去。他还以为对方误解了自己的意思，就在车子后面大叫说村里没有美国人，但是吉普车上的人充耳不闻。偏巧这个年轻人是为美军情报部门服务的，警惕性很高，他赶紧来到了设在附近一所旅馆里的美军参谋部。但是接待他的军官并没有重视，还说了"这我们都知道，没关系，我们迟早能抓住他们"这样的话。

早在德军第 6 装甲集团军还未能突破美军第一道防线的 16 日中午，克索里村（Xhoris）附近就发现了德军"吉普小组"活动的迹象。一个名叫"莱昂"（Leon）的当地人回忆道："2 月 16 日中午前后，我沿着村中的小路前往设在圣罗克旅馆的美军营部。当我走到小路和街道的交叉路口时，我看见一辆沿着铁路路基开来的美军吉普车，车上有两名'美军士兵'。他们用英语问我：'这附近有美国兵吗？他们的火力强不强？'我立刻意识到他们是德国人，因为我知道冯·伦德施泰特元帅指挥的一轮进攻刚刚开始。于是，我告诉他们这个村里到处都是全副武装的美国人，那辆吉普立即掉转车头，沿着铁路路基向克索里方向开回去了。我赶紧跑到圣罗克旅馆，向那里的美军营部发出了警告，军官立刻派出了一支搜索队，但什么也没有找到。"

12 月 16 日傍晚，利尼厄维尔镇磨坊旅馆的老板鲁普（Rupp），和住在旅馆里的美军军官斯佩里（Sperry）上尉一起站在旅馆的入口处。这时，几个看起来像是美国人的军官从他们面前经过，斯佩里上尉仔细打量着他们，转头对着鲁普说道："这些军官是哪个单位的，我怎么认不出来。"第二天下午，德国人占领了这座小镇，斯科尔策尼也来到了这里。一个穿着德军制服的军官就问懂德语的鲁普，为什么前一天傍晚那个美国军官要盯着他和同伴？"自己的穿着打扮哪里有问题？"……鲁普后来回忆道，这个德国人解释说他们是从街上遇到的第一个美军哨兵那里搞来的口令，哨兵还傻乎乎地把驻扎在利尼厄维尔附近的爱德华·雷恩·廷伯莱克（Edward Wrenne Timberlake）准将的第49防空旅所部的实力告诉了德国人，他说旅部和直属队大约有450人，这和实际情况相差无几。

随着警卫旗队师在美军防线上打开了突破口，更多的"吉普小组"混入了美军后方，利尼厄维尔、马尔梅迪、雷希特、斯塔沃洛、里吉山（Mont Rigi）路口以及拉格莱茨等地区都留下了他们的足迹，随着战役的深入进行，这些小组的行动也愈发大胆妄为。

12月21日，两个结伴而行的"吉普小组"出现在拉格莱茨西南方的舍纳（Cheneux），这里是美军第82空降师504伞兵团的部队刚占领的阵地。根据美方记录，2辆吉普车上共有5个人，其中1人是美军上尉的打扮，其余4人则像是普通士兵。这样的组合很奇怪，因为德军的"吉普小组"通常是3—4个人，但是这两个小组却总共只有5人。由于这两个"吉普小组"成员的身份无法确定，直属连的幸存者中也无人站出来坦诚这段经历，因此这个"五人双车"组合的原因便成了一个小小的谜团。不过，从他们的表现来看，很可能是德军将组里英语水平不理想的成员留在了后方：因为他们在这里的表现实在是太活跃了。

和那些谨小慎微、生怕暴露身份的突击队员不同，这些人在美军后方到处找人打探消息，和美国兵说起话来毫无顾忌，甚至嚣张到就把车停在团部门口休息，还从一名参谋军官那里借火抽烟。不过，当天下午这伙人就在舍纳村内的第504伞兵团1营营部门口玩过了头。当时，这几个不安分的德国佬偏巧遇上了一个同样精力过剩喜欢聊天的美国新兵，估计德国人的英语口语水平没能完全跟上正牌美国兵的讲话节奏，他觉得这些人说起话来结结巴巴的，心急之下便拿着手里的火箭筒上下挥舞。不料他的这个举动吓住了那些冒牌货，德国人以为自己被识破了，顿时弃车而逃。这些人的反常行为一下子就暴露了他们的身份，话痨般的美国小伙子也猛然醒悟过来，端起枪就打，当场打伤了一个。听到枪声，周围的美军的第一反应就是这小子疯了，于是他们纷纷跑过来制止这个"朝自己人开火"的新兵，5个德国人也趁着短暂的混乱全部跑进了附近的森林。

当然，敢于如此"嚣张行事"的突击队员只是少数，大部分人在执行任务时还是十分小心的。但是，随着他们深入美军防线纵深越来越远，执行的任务也不仅仅是侦察了。根据斯科尔策尼战后的回忆，当时有一个小组在阿迈附近乘车轻松渡过了马斯河。他们在美军后方的道路上插上标志雷区的小红旗，迫使途经此地的美军援军改道而行，耽搁了他们的行程。这支小队还对美军的电话线路进行了破坏。另一个小组在波托和大阿勒（Grand-Halleux）之间"吓"退了敌人的两个步兵连，他们告诉这支美军部队的指挥官，德军已经从两翼绕过了他们的阻击阵地，很可能切断了其退路。美军军官大吃一惊，匆忙返身撤退，临别前还向他们再三道谢。

12 月 17 日上午，美军第 291 战斗工兵营的基奥汉（Keoghan）中士目睹了第 1 步兵师的 1 个团是如何在里吉山十字路口被引错方向的，他们本来想去埃尔森博恩，结果却到了马尔梅迪。基奥汉后来回忆说："我们来到一处十字路口……宪兵们正在疏理堵塞的交通。我和其中一人聊了几句，他告诉我说第 1 步兵师的 1 个团要去韦姆（Waimes），有几个坏小子却觉得改变路标的方向是件好玩的事情。当宪兵们察觉问题赶往路口时，整个团已经被引导上了错误的道路，现在他们只能先去马尔梅迪，绕一圈再去韦姆了。宪兵说当他们赶到路口时，坏小子中的两个还在那里把其他部队往歧路上引。这群坏小子一看到宪兵就马上开车跑了，有个家伙甚至来不及钻进吉普车，只能站在车头保险杠上，双手抓着雨刷器，才没有从飞驰的吉普车上掉下去。"

有些胆子极大的突击队员甚至会主动攻击小股美军。例如 12 月 17 日，一个"吉普小组"偷袭了雷希特附近一辆落单的美军 M8"灰狗"装甲侦察车，他们用冲锋枪打死了这辆车上的 4 名乘员，席卷了车内物资，最后穿着美军的毛领夹克、黄军靴和白袜子，嚼着巧克力回到了汉森战斗群的地盘上。

虽然大部分"吉普小组"都成功深入敌后，但是这样的特种作战不可避免地会遭遇重重困难，除了英语水平欠佳外，他们还在伪装的细节上犯了一些错误。例如，有名"吉普小组"的成员在报告中写道："……天色渐晚，公路上的其他车辆都打开了车灯，此时我们才意识到车灯上的遮光罩对我们来说有多么危险。由于无法停在车流中间，我们只好装作车辆出了故障的样子靠边停车，装模作样地检修车辆，顺便摘下了灯罩……我们担心其他战友是否会注意到这个问题并及时纠正。为了防美国人的无线电测向装置，上级要求我们尽量避免使用电台，但我们还是及时用电台将这一情况报告给了指挥部。后来我们才知道，我们的报告还是太晚了，有两个小组就因此被美军识破并俘虏了。"由于与直属连作战有关的绝大部分文件后来都被销毁，后人无从知晓这个小组成员的准确身份，以及这份报告的来龙去脉。已经习惯在盟军强大的空中优势下活动的德国人总是很自觉地对车灯进行遮蔽；美国人则恰恰相反，他们很少看见德国飞机，所以根本不屑于这么做。

除此以外，德国人诸多疏漏中的另一项从表面看根本就不是问题，那就是"吉普小组"的搭乘人数及入座习惯。威利斯吉普车的定员虽然是4人，但由于舒适性的问题，一辆车通常只坐2人，最多3人，而且军衔最高的人一般都坐在副驾驶的位置上。而德军的习惯恰好相反，一群人中军衔最高的都坐在后座上面。这样一来，有些机警的美国兵便会由此识破德国人的伪装。

深入敌后的大部分德军突击队员并非受过严格训练的特工，他们只是普通的军人，有些连军人都算不上，因而缺乏过硬的心理素质和应变能力。时刻保持警惕的他们一旦受到了惊吓，往往就成了惊弓之鸟，如前文中被美军新兵挥舞的火箭筒吓得落荒而逃那些人。还有些突击队员看到美军宪兵便如临大敌，即便美国人暂时没有识破他们的身份，他们也会因控制不住自己的情绪而主动开火。

战后，曾经参加过第150装甲旅直属连行动的德军少尉科赫尔沙伊特（Kocherscheidt）向人们描述了自己的一段经历：

进攻开始前大概一两天吧，我被叫到了哈迪克一级突击队大队长的指挥所。他给我布置了任务，内容大致如下：与警卫旗队师第1装甲掷弹兵团协同行动，在该团前方对通往于伊的预定路线和守卫马斯河桥的敌军实力进行侦察。进攻首日一大早，我找到了该团并在行军纵队中得到了一个位置。然而，行军开始前不久出现的一连串混乱，导致我们没能跟上纵队，所以我们只能沿大致的进攻方向行驶，在12月17日傍晚抵达了博恩（Born）外围。在那里，我找到了警卫旗队师侦察营的营部，我向他们说明了自己的任务，顺便了解了周围的情况。为了完成任务，我决定向敌人战线后方行进。此时周围一片漆黑，我们在22点左右出发了，从东南方进入了博恩。

我们刚刚越过从利尼厄维尔到圣维特的I-A公路，车子就陷进了一个泥坑，除了一名组员在道路上警戒，其他人都在反复尝试把车子从坑里弄出来。不一会，一名美军宪兵冒了出来，我们的"翻译"按照预案迎上去和他攀谈，其他人继续忙着把车子往外推。一开始，那名宪兵还帮着我们一起推车，后来我们改用随身携带的工兵铲往外挖车轮，宪兵就站在吉普后面几米处看着我们。我的英语水平还不够好，所以不敢跟他瞎扯，而我们的翻译似乎也不够机灵，想不到要设法分散他的注意力。我认为那个宪兵已经起疑心了，于是我决定——根据此前得到的指示——干掉他。

我们再次试着把车往外开了一次，但我就没指望能这样把车弄出来，乘着引擎发出巨大轰鸣的时候，我从车子左边的角落里拿出美制柯尔特手枪，向站在3米开外的宪兵连开5枪。我没有使用那支专门用来应付这种情况的装了消音器的冲锋枪，我第一枪瞄准了他的头部，接下来几枪枪口向下压了一点。看到枪口焰，"翻译"立即明白是怎么回事，但是在黑暗中他又看不太清。我希望这几枪能打死美军宪兵，免得我们暴露身份。打完最后一枪，我立刻冲向树林，嘴里喊着"快跑"。跑了大约300米后，我停了下来，这才发现只有司机还跟着我。等了10分钟后，我回到车子上关掉了引擎，此时我仍然没有发现任何人。之后我就带着司机返回博恩了，我想组里的另两个人也会这么做的。

回到博恩，我把情况向侦察营营长做了汇报，还告诉他：我打死了那名宪兵。一个多小时后我的两名组员也回来了，他们告诉了我之后发生的事情：枪响时，他们也逃进了树林。当他们再次回到车子附近时，看见那个美国兵正在一旁转悠，还听见了他的喊叫声，这时我才意识到我可能没有打中那个美国佬。18日破晓时，我加入了一支开向陷车地点的装甲侦察小队，在一辆半履带车把我的吉普拖出泥坑的过程中，我一直在寻找脚印，想知道昨晚我到底躲到了哪里，却没有任何收获。当天上午我遇到了菲利普·冯·贝尔海军少校，并把这件事告诉了他。我记不清当时我们到底说什么了。贝尔告诉我，所有突击小组要到利尼厄维尔集合，于是当天下午我们就赶到了那里。

警卫旗队师侦察营营长古斯塔夫·克尼特尔（Gustav Knittel）二级突击队大队长（党卫军少校）也证实了科赫尔沙伊特少尉的说法："一个突击小组组长来到我的指挥所找我，向我了解周围的敌情，并请我给他指出一条最佳线路。2小时后他回来了，向我汇报说他的车陷在了圣维特以北的一处森林里，他们还在那里打死了一名美军宪兵，因为他很快意识到什么地方出了毛病，那个美国人问他为什么这辆车上会有4个人。"

这一行为后来给科赫尔沙伊特带来了不少麻烦，战后他因此受到指控，罪名是"穿着美军军服杀害美军士兵"，不过他好歹活了下来。幸运的人终究是少数，大多数与美军交火的"吉普小组"的下场都很悲惨，党卫军第2装甲掷弹兵团3营营长约瑟夫·迪芬塔尔（Josef Diefenthal）一级突击队中队长后来回忆道，他在随派普战斗群向拉格莱茨推进途中就曾遇见了几个"吉普小组"。

前一天（12月17日）傍晚，斯科尔策尼的一队人马在斯塔沃洛以北的小山上找到了我。这队人马的指挥官是一名中尉，他们有 3 辆吉普，每辆车上有 4 个人。他们想跟随我们向前推进，一旦我们取得突破，他们就可以迅速冲入美军后方地域。在三桥镇和拉格莱茨之间，这个小队说他们要率先赶往马斯河，我们便向他们道了好运。几天后，我再次见到这名中尉，他们只剩下 1 台车和 3 个人，而且疲惫不堪。他们找到了我们，在余下的"进攻"中，他们就和我们一起行动了。

迪芬塔尔一级突击队中队长遇到的这些人都是冯·贝尔海军少校的手下，他们离开战斗群后继续向前推进，其中有两个小组分别在于伊和阿迈抵达了马斯河。这两个深入美军防线后方的小组最后都没有回来，据说他们在遭到美军宪兵拦截后强行冲卡，车辆撞上地雷后又遭到了射击，车上的人全都死了。

当然，发生交火的情况是比较少见的，更多的人在被识破身份后立即放弃抵抗，举手投降。根据美军的记录，军事法庭审判了 19 名被俘的直属连官兵，再加上已经确知的阵亡者，斯科尔策尼宣称的仅有 2 组 8 人未归显然是不可能的。

在 1945 年 8 月的一次狱中采访中，斯科尔策尼坦承别动队的最后一个小组是在 12 月 19 日出发的，此时已经谈不上任何突然性了。德军的大反攻开始前，西线

▲ 初期，盟军根本没有想到德军会发动如此大规模的突然进攻，大量美军士兵在错愕中沦为德军俘虏。

德军总部和 B 集团军群对斯科尔策尼的行动没抱多大希望，但是当他们察觉到"心理战"的良好效果之后，将军们的想法改变了。12 月 22 日，B 集团军群指挥部还专门下达命令，要求第 150 装甲旅出动更多的"吉普小组"到敌人后方去制造混乱。那么德军高层到底是如何看待"狮鹫"行动的呢？ 1944 年 12 月 29 日，B 集团军群指挥部在报告中写道：

装甲部队发动进攻的同时我们也投入了侦察和特种巡逻队，他们在绝大多数情况下都能深入敌后制造混乱，但是他们的英语水平普遍不高，而他们必须要在通晓美国俚语的情况下才能迷惑住敌人。与此同时，敌人已经通过缴获的文件事先得到了警告，对所有车辆都严加盘查，所以有些突击队员被敌人俘虏了，根据敌人的广播，他们已经被按照军法处决了。

战斗群预定在马尔梅迪地区执行的任务由于前提条件不具备而未能贯彻到底，他们只能被临时充作警戒单位，直至其他部队到达为止。

总结：小规模的突击队行动基本成功。战斗群未能全部展开。

▲ 美军误将一些因天气寒冷而身着美军制服的普通德军士兵误认为第150装甲旅成员，图为一名被美军打死的身着美军制服的普通德军士兵。

^ 第150装甲旅的行动还是给盟军制造了很多麻烦，迫使盟军进行严格检查。图为美军第84步兵师的宪兵在马尔什附近盘查过往车辆。

^ 被美军识破并击毁的假M10坦克。

我们早就知道啦

　　和各种宣传及后世的军事爱好者的臆测不同，进入美军战线后方并安全返回的直属连官兵都有一种令他们恐惧万分的感觉：美国人已经恭候多时了。这其实已经颠覆了许多人的普遍认知——美国人对"狮鹫"行动完全措手不及——事实正是如此，阿登战役结束后，美军第12集团军群指挥部撰写的报告中有这样一段内容文字。

　　1944年11月，我们就已经获悉德军计划投入一支伪装成美军的部队。他们的计划确实付诸实施，实际上著名的"狮鹫"行动就利用这支部队的成员作为第150装甲旅的前卫，而后者则是1944年12月中旬德军突破我军阿登防线的前锋。幸运的是，这一提前预警和师地域内的压发照明弹警戒线让德国人的阴谋破了产。

　　1944年10月26日，凯特尔元帅从元首大本营发出电报，要求各部队会说英语的志愿者迅速到弗里登塔尔的斯科尔策尼一级突击队大队长处报到。不久后，西线德军总部又通过正式渠道命令西线各部队上缴从前线上缴获的美军武器、装备及车辆。正如斯科尔策尼担心的那样，美军情报部门很快听到了风声。11月1日，盟军情报部门已经知道了凯特尔的这封电报，不过仅就电报内容而言，盟军只能判断出德军要在西线动些什么手脚，至于德国人具体要干些什么，则还需要更多情报的验证。无论如何，这份情报已经给从一个胜利走向另一个胜利的盟军轻轻敲了一记警钟，虽然还有太多的未知，但盟军毕竟得到了第一块相关的情报碎片。随着德军的进攻准备紧锣密鼓地深入推进，美国人得到的情报越来越多，他们的情报拼图也渐渐显露出了越来越完整的轮廓。

12月2日，美第7军缴获了一份德军第86军军部发给许布纳伞兵团的电文副本，这份10月30日发出的电文中提到了两件事情：其一，首先对于当下国防军中能否搜罗到足够编成2个营的符合特定标准的人员表示怀疑；其二，认为假如能够建立这样的部队，那么其渗透美军防线的能力将不容置疑。获得第7军的报告后，美第1集团军情报部门意识到，德军正准备组建一支专门用于在美军后方执行任务的特殊部队，而且规模不会超过2个营。但是单就这份情报而言，还不能与上述收集缴获物资和说英语人员的情报联系起来，毕竟，深入敌境执行侦察任务在战争中绝不是什么稀罕事。

12月7日，第1集团军情报部的例行报告指出，奥托·斯科尔策尼最近在奥拉宁堡附近的弗里登塔尔组建了"斯科尔策尼指挥部"，与此同时，他还组建了一个培训机构专门用于培训执行特殊任务的人员，之前情报中提到的说英语的士兵和缴获的美军军服装备都已集中到了这所学校内。

根据这些材料，美军初步摸清了德国人的意图。12月10日，第1集团军第37号情报评估报告指出了由斯科尔策尼负责的特殊行动的更多信息："一份缴获的命令文件要求全面征募会说美式英语的人员，并在11月1日前到奥拉宁堡附近弗里登塔尔的斯科尔策尼指挥部报到。显然，他们准备派出特种部队渗透或伞降到我军后方进行间谍活动，对我方指挥所或者其他关键设施进行破坏。"

美军的这一分析结论与斯科尔策尼部队的真正任务已经很相近了，第1集团军情报部长（G-2）本杰明·阿博特·迪克森（Benjamin Abbott Dickson）上校更是指出，这支由斯科尔策尼指挥的特种部队很可能会是德军大规模反击的先锋。根据这些情报，美军立刻在一些重要的设施和路口处加强了戒备，一些原本畅通无阻的道路和桥梁上也加设了关卡。他们虽然还不清楚这支打扮成美军的德军特种部队将要如何行动，更不清楚怎样才能将这些进行了伪装的德国人揪出来，但是这样做起码能让德国佬处处遇卡。即便德国人经过了严密的伪装，他们好歹也能给这些家伙多找些麻烦，逼迫其露出破绽。

12月16日，德军进攻第一天，关于"狮鹫"行动最重要的线索落入了美军手中，那是一份包含有"狮鹫"行动大量细节的机密文件。美国人立即意识到了这份文件的价值，随即把它上交给了集团军情报部，没过多久"狮鹫"的神秘面纱就被揭开了。这份文件中蕴含的信息让美国人最终完成了他们的情报拼图，德军的秘密行动终于暴露在了光天化日之下。

美军第 106 步兵师情报科长罗伯特·P. 斯图托（Robert P. Stout）中校，在战后记录了 1944 年 12 月 16 日该师第 424 步兵团官兵缴获这份重要文件时的情况，以及美军各部的反应。

1944 年 12 月 16 日破晓时，德军在阿登的反击落在了第 106 步兵师身上。当天清晨，我师南部防区内的第 424 步兵团遭到了德军第 62 国民掷弹兵师的攻击，敌人的进攻一直推进到了温特尔斯佩尔特（Winterspelt）镇郊外才被挡住，我方在这里建立了新的阵地。在我军的反击过程中，德军前锋营的营长和几个参谋军官被俘了，我们从营长的公文包里搜出了一份命令的副本和作战地图，其中地图上面有第 62 国民掷弹兵师攻击并占领圣维特的完整计划。

主题：实施"狮鹫"计划

（1）最高统帅部计划在作战中实施"狮鹫"计划；

（2）实施"狮鹫"计划的我军部队将配备美式武器装备和车辆，车身上涂有盟军标志，尤其是黄色或白色五角星；

（3）为了避免和敌军产生混淆，执行"狮鹫"计划的部队要向己方部队表明身份：

a. 在昼间摘下钢盔；

b. 在夜间用闪光灯发出红色或蓝色的灯光信号；

（4）投入"狮鹫"行动的部队要表明自己的活动范围，在其使用的房屋、树木和道路上涂上白色标记；

（5）实施"狮鹫"计划的部队将使用下述路线：

a. 三桥镇（斯塔沃洛西南 5 千米）——下博德（Basse-Bodeux）——维莱特（Villettes）——布拉（Bra）——拉富什（La Fourche）——阿尔（Harre）——德里斯（Deux Rys）——罗什弗雷讷（Roche-à-Frêne）；

b. 雷希特（圣维特西北 8.5 千米）——小蒂耶（Petit-Thier）——维勒迪布瓦（Ville du Bois）——维尔萨姆（Vielsalm）——萨尔姆沙托（Salmchâteau）——茹比耶瓦尔（Joubiéval）以北 0.5 千米的 444 号路口——埃布龙瓦尔（Hébronval）——雷涅（Règné）——马朗普雷西南 2 千米的 538 号路口——芒艾（Manhay）——格朗默尼勒（Grandménil）以东的 430 号三岔路口——莫尔蒙（Mormont）以北 1 千米的 200 号路口——罗什弗雷讷；

c. 罗什弗雷讷——埃纳（Aisne）——朱赞（Juzaine）——博马勒（Bomal）——博马勒西南2千米的三岔路口——托奥涅（Tohogne）——奥内（Oneux）——阿马（Amas）——奥基耶（Ocquier）——韦尔沃兹（Vervox）。

进一步辨认我方部队身份的标志：卐字旗，白色照明弹，半包裹头部的绷带。

签发：第66军作训处

（以下略）

我记得大约是中午前后吧，我接到了第424步兵团情报股股长威廉·珀尔曼少校或是他助手打来的电话，他告诉了我这份文件的事情，尤其是"狮鹫"部队的行进路线。我当时就把这些地名记了下来，有些当时记错了，还有些拼写错误，但是后来我又对着地图核对了一遍，并标在了地图上。我要他们以尽可能快的速度把原件送上来。

师情报科的日志显示我方得到了一份与这一文件相关的情报，即当天13点20分向我方进攻的德军部队正是第62国民掷弹兵师。13点59分，一名工兵上士向师情报和作训部门汇报说，他们收到了一份关于温特尔斯佩尔特方向的战斗报告，报告称俘虏了32名德军，其中包括2名军官。军官身上的文件表明，德军将使用缴获的我军车辆进行伪装渗透，他们的识别方式是不戴头盔以及在夜间使用彩色信号灯。14点20分，师情报科给第8军军部打了电话，将这份缴获文件的事情告诉了他们，要他们等这份文件一到就立刻派人来取。

这份情报也被转交给了当天下午刚好在我们师部的第8军情报处副处长威廉·斯莱登（William Slayden）上校，我想他自己也会给军部打电话的。我不确定军部会让斯莱登上校或者在他身旁担任德语翻译的中士将这份情报送回，还是另外派人来取，但这份情报的原件当晚肯定已经被送到军部，并由审讯官匆忙译了出来，刊印在当天午夜发布的军部情报汇总中。到12月17日上午，我们军、第1集团军和相邻各师都收到了这份报告。那名被俘的德军营长被送到了师部，12月16日晚，他接受了进一步审讯，供出了关于他所在师的进攻计划的宝贵情报，但他坚称自己对"狮鹫"计划的了解仅限于文件上的内容。

这份情报的重要性不言而喻，因为此前盟军最高统帅部的报告中已经指出，德军正在组建一支由缴获的盟军车辆、武器和装备武装起来的特殊部队。据信这支部队是在9月或10月间组建的，其编制和实力相当于2个装甲侦察营，其中编有相当数量会说英语的德国兵。现在我们知道这就是第150装甲旅以及由能说英语的人组成的施蒂劳直属连，组建和训练他们的是奥托·斯科尔策尼，希特勒的党卫军爱将。依据这样的背景和信息，情报部门很快就意识到了这些文件的重要性以及这些部队可能采用的推进路线。我还记得，我们费了好大一番功夫才让一支装甲部队的参谋们相信这份情报的可靠性，但是很快，事实就帮助我们向所有人证明了这一点。

这份情报很快就迅速传遍了整个美军第 1 集团军。17 日下午，第 9 航空队的战斗轰炸机抓住了仅仅两小时的有利天气，飞临前线。发现从第 106 步兵师和第 99 步兵师之间的缺口处通往马尔梅迪的道路上出现了大批敌军装甲部队。我们的地空联络组从无线电里收听了第 9 战术空军司令部的无线电通话，听见飞行员先是说"他们看起来像是我们的车辆，上面还有白色五星标识"，紧接着又传来"我下去看看——他们不是我们的人，干掉它们"的话语。他们还报告说，这些人的制服上有白色肩章，这些部队来自党卫军第 1 装甲师和第 150 装甲旅，其中包括臭名昭著的约阿希姆·派普党卫军中校指挥的战斗群。他和他的手下最近刚刚在达豪受审，罪名是在马尔梅迪附近屠杀美军战俘和比利时平民。这支部队正沿着缴获文件中记载的第一条路线推进，直到在拉格莱茨（接近计划书中的三桥镇）被我军包围歼灭，只有几百人徒步脱逃。12 月 18 日，一个由 3 名身穿美军军服的德国人组成的吉普车小组，在艾瓦耶桥被美军第 1 集团军宪兵俘房。

12 月 17—18 日晚，这份计划的真实性得到了进一步证实。当时，第 7 装甲师的一部分部队正根据我们的指示沿缴获计划中的第二条路线开进，当晚该师的几名参谋也沿着这条路线返回。他们发现波托的公路交会处遭到了来自东北方雷希特的直射火力攻击，这股敌人后来被第 7 装甲师的部队和配属该师的机械化骑兵击退。

12 月 18 日上午，一支从西北方进入圣维特的军属或集团军属炮兵联络组报告说，他们遭到了坐在美制车辆里的敌人的射击。我亲自和这个小组中的一名军官谈了话，他警告我们说圣维特北面不远处的森林里有坦克。不久后这些坦克就发动了进攻，大约上午 10 点，这次进攻被第 9 装甲师 B 战斗群的坦克部队击退。

"狮鹫"计划的失败，与这份文件过早被我方缴获并传播开来无疑是有密切联系的，这一点为后来被俘房的第 150 装甲旅和施蒂劳直属连的士兵所证实。他们说，这些单位的残部在撤离阿登前线后不久就被解散了，他们的计划完全失败了，因为"出于某种原因"，美国人似乎早就做好了准备。

由此可见，在二战时期要实施如此规模的特种作战有多不易，情报的泄漏会造成多大的影响。正是由于美国人及时得到了这一决定性情报，并迅速向各部队传达，战线各处的美军基本上已经为德军别动队的到来做好了准备。

警报！

战斗刚一爆发，美军就掌握了德军特种部队的意图。在短短几天之内，最初的应对方案就被下达到各部队和盟军占领地域内的哨卡处。19日，第82空降师情报科就提出了盘查德军渗透部队的方式："据信有大量身穿美军制服的敌人在我军后方活动。他们可以通过以下方式辨认出来：反常的装束和举止，无法回答出关于美国流行电影、广播节目主持人和近期体育赛事的问题。"

布莱德雷所说的"50万人玩起猫捉老鼠的游戏"从这里就开始了，对这些时尚内容一无所知的并不仅仅是德国人，这样的应对措施难免会把一些穷乡僻壤来的美国兵和年纪较大的军官给一网打尽。但是另一方面，未能过关而被捕的大量人员中必定会包括许多渗透进来的德军，或者说大部分德军突击队员在遇到这样的盘查时都将难以幸免，至于那些被误抓的美国兵大多很快就会被确认身份，因而不会有太大的问题。所以在敌情尚不明确的情况下，这种宁可错抓一千，决不放过一个的做法倒也合理。

随着时间的推移，美军手中关于德军伪装渗透部队的情报越来越多，以第82空降师为例，可以看看美国人到底对德军的"狮鹫"行动了解多少。

1944年12月20日，该师情报科得到的通报：

（1）据信在我军后方有120名身穿美军制服的德国人，其中部分人搭乘吉普车行动。他们的任务是破坏通信（第1集团军）；

（2）12月18日，在艾瓦耶审讯了3名身穿美军制服的德国俘虏，结果显示敌人的间谍都是党卫军成员，军衔最高为少校，他们可能随身携带美军的供应证、0.45英寸口径手枪，以及德军的供应证和身份证（第18空降军）。

此时，美军已经对德军渗透部队的规模有了大致了解，而且他们还知道德国人并没有从里到外全部换上美军制服，这样一来美军对被捕人员的身份辨别就容易了不少。

12月21日，第82空降师情报科得到了一些新的通报：

（1）对战俘的审讯显示，身穿美军制服的德国士兵之间用敲两下头盔的方式相互表明身份，他们在面对己方部队时则通过佩戴粉红色或蓝色丝巾来表明身份。他们会敞开自己的外衣或长大衣，或者松开最上端的一粒纽扣。他们的坦克则会涂上"C"或"D"的字母标记（第18空降军）。

（2）14点，8名伪装成美军的德军驾驶中型吉普车出现在第504伞兵团防区，后逃回德军战线（第504伞兵团）。

（3）比利时纳粹分子得到指令，换上美军制服（第30步兵师）。

这份文件表明，美军各部已经掌握了德军别动队在美军后方相互交流的方式，这样的话德军"吉普小组"之间的联络就被美军切断了——假如德军按计划佩戴预定的识别标志，美军就会很容易认出他们。

1944年12月22日，第82空降师情报科在进行日常报告的同时，还发布了一份题为《德军的欺骗行动》的专题报告，其主要内容如下：

1. 昨晚我军在列日附近停房了一名伪装成我军的德国军官，他身穿美军制服，驾驶美制吉普车，携带美军证件渗透进我军防线。下面就是关于此事的初步报告，仅包括审讯中的重要内容：

a. 擅长绑架和刺杀高级领导人的德军指挥官已经在一两天前穿越我方防线，与他同行的还有55—60名部下，他们的任务是刺杀艾森豪威尔将军。此人名叫斯科尔策尼，他和他的手下正是解救了墨索里尼，并在最近绑架了匈牙利摄政王霍尔蒂将军的那些人。斯科尔策尼及其手下身穿美军制服，携带美军证件和武器，其中大部分人化装成我方军官。他们的集合点之一是巴黎的和平咖啡馆，德军留在我军后方的特工人员及合作者将在那里与他们碰头，向他们通报关于艾森豪威尔将军的活动场所、安全警卫等重要信息。这些人都是冷血动物，他们随时准备牺牲自己的生命以完成刺杀盟军最高统帅的任务。

b. 停房强调德军的主要目标是那慕尔和列日之间的马斯河。他说德军指挥部格外关注的三座桥梁就在这两座城镇之间，分别位于翁布雷劳萨（Ombret-Rawsa）、昂日和于伊。停房供称，他曾多次听到"列日"这个地名出现在伞兵团的谈话中，该团要在党卫军部队推进的关键时刻空降到作战地域。他还进一步说明党卫军部队的主攻将沿两条路线展开，分别是斯塔沃洛——拉格莱茨——洛尔塞（Lorce）——艾瓦耶——列日公路和与之平行的马尔梅迪——斯帕——特镇（Theux）——列日公路。他说德军不会炸毁上面提到的3座桥，而是要对其进行侦察和渗透，并在适当时机将其占领。由于缺乏运输机，德军在一次战役中能够空投伞兵的最大数量为

1000 人。

c. 俘虏称大约有 70 辆坦克被用来执行此次突破任务，其中部分坦克是美制的，有些则是伪装成美制坦克的德国坦克。他们在夜间行动，白天隐蔽在树林里，那些说英语的士兵则在其前方对我军阵地进行侦察，他们的攻击发起时间选在了侦察之后的第二天下午。实际上，这样的战术已经为最近 3 天里收到的报告所证实。此外，这些美制装备和伪装成我军的德国兵的另一个用途是在战斗中渗透我方防线，并在战役高潮时开始向我军投降，以制造恐慌和混乱。

d. c 段中提到的坦克隶属于第 150 装甲旅，这是一支特殊的装甲部队，还将用于我军深远后方的作战。该旅装备的全部坦克、半履带车、侦察车等车辆，或是涂有我方完整标识的美制被缴获车辆，或是利用木质结构及各种措施加以伪装的德军坦克，用以在夜间或者远距离模拟成我方坦克。该旅的任务是在战役的关键时刻在我军后方地域进行破坏，制造混乱和恐慌，并攻占某些关键要点，例如马斯河上的桥梁。该旅将分散成小股部队，昼间隐蔽在森林里，只在夜间或者日落前活动。在某些情况下，这些部队会和德军装甲师的前卫部队协同作战。据信，这样的情况已经出现在了第 8 军的作战地域内。他们制造"恐慌"的其他方法还有：沿我军几条关键的道路"撤退"，途中通过频繁的调转行军方向或者刻意制造车辆抛锚来堵塞交通；超越我撤退部队时散布谣言，大声高叫说德军就在他们身后几千码处；等等。这些坦克还会与"吉普小组"配合，后者属于施蒂劳的连队。

结合其他的信息源，我们已经有可靠的证据表明：刺杀艾森豪威尔将军的计划确有其事。关于敌人战术意图的供述是否准确还有待进一步验证，这项工作已经开始进行。

12 月 25 日，第 82 空降师甚至还接到了第 7 军情报处签发的关于德军特种部队中一些重要人物的通缉令，其中详细描述了斯科尔策尼、施蒂劳、贝尔等人的外貌特征。

12 月 28 日，第 82 空降师第 157 号情报报告中还附带了一份题为《我军战线后方的敌人》的文件：

1. 第 1 集团军的交通指挥分队报告说，身穿美军制服的德国人乘坐着 1 辆 1/4 吨吉普在集团军区域内活动，车辆编号 2050445，安全杠标识 MP-ASCZ C-5。

2. 从身穿美军制服的德国人身上搜出的人事档案卡略有破绽。它们都是左手折叠的，其抬头如下："W.D A.G.O. Form No. 65-4"，这与真正的美军军官的人事卡略有区别，后者是这样的："W.D.A.G.O. Form No. 65-1"。此外，在伪造的证件上，签发者的签名也被签署在持有军官签名的下面。这些人事卡都是崭新的，是德国人自己填写的签名，然后又故意弄脏了一些，但是却可以从折缝看出来是新的。

3. 施蒂劳别动队"吉普小组"中的德国人都已经被告知，在美军后方表明自己身份的正确方式是出示供应证，而对于狗牌的事情则绝口不提。到目前为止停虏的人员当中，只有2人带有狗牌，而且这些狗牌还是他们自己找来的。他们领到的供应证都是从我方战俘身上搞到的。

4. 施蒂劳部下的英语水平分成四等。一等的水平最高，德国军官的水平通常只有二等，这就解释了为什么他们要化装成美军士兵而不是军官，军官的角色由英语最好的人扮演，他们通常坐在司机旁边。真正的德国军官通常坐在车辆后座左边，他们会凑到伪装成我方军官的德国兵耳边对其发出指示。英语水平最差的人（三等或四等）通常担任司机，因此，找这些"吉普小组"麻烦的最佳方式是查验司机的通行证，之后再询问他一些必须回答的问题。

5. 没有一个被俘的、穿美军制服的德国人知道所谓的军人编号。

6. 目前已发现的德军使用的吉普车上的标识包括第8军和第8装甲师——大部分情况下是第5装甲师。由于某些尚不清楚的原因，德国人认为右手边的吉普车牌号是一个薄弱环节，因此他们一般都会用泥土半掩。

7. 迄今为止我方缴获的所有德军军官座车都是法制"雪铁龙"——涂色明亮，标有星徽，但也有报告称德军还使用了民用高档轿车。因此必须对军官座车加以拦截，我方宪兵在询问对方的狗牌和军号时必须把军衔等级抛到一旁，因为有些伪装成美军的德国人会化装成高级军官。据传，德军战斗群的指挥官之一，冯·贝尔伪装成了一名准将。

8. 千万不能忘记，这些吉普小组都是全副武装的，这些人都知道他们执行的是决死的任务。因此在检查其身份时，应当对这些吉普及其乘员的举动保持充分警惕。

9. 据报告，有些"吉普小组"已经把他们1/4吨的威利斯吉普车换成了3/4吨的道奇中型吉普车。

10. 根据被俘的"吉普小组"成员供述，远距离最有效的识别方式是双手持枪，将武器举过头顶后上下挥舞。这时他们就可能使用德军配发的彩色信号灯——可能同时使用多种颜色——做出回应。

11. 在部队或补给站加油的车辆应当重点关注。这些吉普车现在都要依靠从美军补给站获得的汽油来行动，有一个"吉普小组"就是在军械处修车时被停的。

到阿登战役中后期，除了"刺杀艾森豪威尔"这个谣言依旧令美军深信不疑外，美军已经完全掌握了第150装甲旅主力及其直属连的动向。美军对这支德军部队的认识虽然尚有偏差，但毫无疑问，曾经被希特勒视为秘密武器、拥有最高保密级别的"狮鹫"计划，现在已经赤裸裸地暴露在美军面前。或许斯科尔策尼本人在盟军心目中还保持着神秘，但由他指挥的这次行动却已不再有哪怕一丝一毫的突然性了。

盟军在获取了上述情报后，迅速做出了有效的反制措施。深入美军后方的"吉普小组"要么折戟沉沙，要么已经溜回己方战线内。虽然斯科尔策尼坚持说自己的别动队取得了成功，他们也确实在美军后方制造了很大混乱，但是最初赋予直属连的那些任务他们又完成了多少呢？

美军第12集团军群在阿登战役之后的这些报告更加清楚地显示出，德军的意图最终被反间谍情报部门和相关人员共同挫败。武装党卫军发动的这一旨在为阿登攻势充当先锋，并利用第150特种装甲旅在美军后方制造混乱的"狮鹫"行动，其整体计划是这样的：

（1）该旅最初的整体目标是夺取列日和那慕尔之间的马斯河桥，最终目标是安特卫普，德军主力将沿第150装甲旅打开的道路向前推进。毋庸多言，他们的这一计划遭到了彻底失败。

（2）最近第150装甲旅内部有一个流传甚广的谣言，称德军计划组织部队前去刺杀艾森豪威尔将军。因此我军采用了一切可能的手段，阻止了施蒂劳直属连的吉普车通过第12集团军群的作战地域。假如德军确实有此项计划，那么这个计划也一定受到了挫败。

（3）施蒂劳直属连那些会说英语的远程侦察组的任务如下：

a. 报告美军部队的位置与布防情况——各方面证据都表明这一任务未能完成，因为能够渗透到我军后方且未被发现的"吉普小组"不过两三个。

b. 破坏重要设施与桥梁——未能完成。

c. 摧毁指挥部与通信线路——有些通信线路的确被切断了，但是没有一处指挥所被毁，因为我军及早发出了警报，所有的指挥部周围都加强了安全戒备。

由于天机泄漏再加上进攻部队战斗不利，"狮鹫"计划就这么夭折了。第150装甲旅的主力失去了进抵马斯河的机会，直属连虽然在美军后方闹腾了一阵子，但没过多久也被赶了出来。种种情况表明，"狮鹫"计划的失败实际上是不可避免的。

希特勒的奇想虽然不无道理，但和整个阿登攻势一样，"狮鹫"计划缺乏实现战略目标的基础和条件。实施如此规模的特种作战必须从全军抽调人员，而如果要大范围抽调人员，则必然会有大量的文件下发到整支军队中，所谓的严格保密就成了空中楼阁，这导致神秘莫测的"狮鹫"从一开始就存在着致命缺陷。当然，作为人类战争史上首次大规模的特种作战行动，人们也无法过多地苛求它的策划者，而当代的人们都知道，特种部队不是一朝一夕就能够成军的。

虽然第150装甲旅在阿登前线的仗还没打完，但它已经不再是特种部队了。

∧ 上述三名被捕的突击队员被绑上木桩，用黑布遮住眼睛。

∧ 威尔海姆·施密特被绑上木桩准备执行枪决。

∧ 枪决执行中。

∧ 执行枪决后的比林。

▲ 1944年12月17日，由曼弗雷德·佩纳斯（Manfred Pernass）中士、君特·比林（Günther Billing）军士长和威尔海姆·施密特（Wilhelm Schmidt）二等兵组成的德军突击队在艾瓦耶附近因对不上口令而被捕。1944年12月23日清晨，美军准备在亨利沙佩勒枪决佩纳斯、比林和施密特三人。

▲ 执行枪决的美国宪兵将威尔海姆·施密特（右二）送往枪决现场。

▲ 君特·比林被绑上木桩准备执行枪决。根据美军方面记录，他在行刑队扣动扳机之前依旧在不停高呼："我们的元首希特勒万岁！"

▲ 曼弗雷德·佩纳斯被绑上木桩准备执行枪决。

▲ 盟军为了抓捕可能潜伏在后方的斯科尔兹内，在各部队发布了斯科尔兹内德国制服照和美军制服照。

从"全甲板攻击"到"大型特混舰队"
二战美国航母战术的升华

作者
谭星

1941 年 12 月 7 日珍珠港战役中，日本海军航空兵集中 6 艘主力舰队航母突袭了驻扎在珍珠港的美国太平洋舰队主力。一番炸弹、鱼雷将美军的战列舰队打进了珍珠港海底的烂泥里，也打残了美、日两军战前关于未来海战的各种设想。美国人不得不硬着头皮让原本作为机动打击力量的快速航母舰队替代战列舰队，承担起海军进攻主力的使命。而将战列舰视为镇国之宝、舍不得轻易使用的日本海军也驱使着他们的航母机动部队去东征西讨。于是，遵循"全甲板攻击"战术理论的美国海军航母部队与秉持"航母集中主义"的日本海军机动部队在大洋上展开了惨烈的对撞。美国海军前二十年对海军航空兵战术的探索将在战场上经受最真实的考验。

太平洋战争早期美、日两国的航母战术

其实航空母舰最初并不是用来战斗的，它最主要的任务是侦察以及支援战列舰队。在那个时代，舰载观测机的主要任务是为战列舰上的巨炮提供侦察和校射支援。尤其是校射，是舰载观测机最重要的任务。当时的舰炮其最大射程已经超出目视观察的极限，只有飞机才能飞到舰炮的最大射程处观察弹着点，并通过无线电进行纠偏。当然，敌人的舰载观测机也是要打掉的，但这只是舰载观测机的一项辅助性的任务而已，攻击任务更多地被交给舰载战斗机来执行。舰载战斗机的任务是击落凌空的敌方侦察机和观测机，防止己方战列舰遭到敌方重炮的打击。在第一次世界大战中，英国皇家海军已经向全世界展示了飞机上舰的广阔前景。战后，包括美国海军在内的各海军列强都意识到，舰载航空兵已经成了未来海军不可或缺的一员。1919 年 7 月，美国海军得到拨款，将一艘运煤船"木星"号改造成实验性的航空母舰。这就是美国海军航母帝国的开端——CV-1 "兰利"号，之后便有了 1927 年服役的两艘"列克星敦"级的大型舰队航母。

问题是，光靠侦察和支援队友是出不了头的，何况航空先驱和海军将领们也希望这些"帝国海军的雄鹰"能够拥有尖锐的利爪。于是我们看到，英国皇家海军第一艘航母"暴怒"号在 1917 年出动"骆驼"式舰载战斗机时，成功突袭并炸毁了德国的"齐柏林"飞艇基地；而以伴随战列舰队行动为目的的英军第二艘航母"百眼巨人"号就直接搭载有鱼雷攻击机，不过 1920 年时的飞机还很弱小，即使付出飞行性能极差的代价，也只能搭载直径为 324 毫米的轻型鱼雷。因此，英军对这种舰载鱼雷机的战术定位是："通过适时的鱼雷攻击，争取打乱敌方战列舰队的阵型"——换言之，想打沉敌方主力舰就不必了。毕竟鱼雷打击的是战舰水线以下的命门，随着航空技术的逐步发展，舰载鱼雷机可搭载的鱼雷威力越来越大，后来成了二战中最具威力的舰载机攻舰武器之一。除了鱼雷，还有炸弹呢？小型炸弹虽然足以重创敌舰的上层建筑，帮助战列舰作战，但在当时的技术条件下，这些水平投放的炸弹几乎不可能击中高速规避机动中的军舰。

转机很快到来——俯冲轰炸机出现了。1917 年，英国人首次在实战中成功使用了"俯冲轰炸"战术。但随着"空军制胜论"的盛行，列强空军（包括美国陆军航空队）越来越关注那些据说能独自打赢整场战争的重型水平轰炸机，"俯冲轰炸"之类的"小把戏"便失了宠。于是，重振"俯冲轰炸"战术的重任便落到了美国海军身上。20 世纪 20 年代后期，随着航空母舰和舰载航空兵的兴起，被轰炸军舰难题困扰的美国海军又开始重新审视"俯冲轰炸"这一曾经行之有效的战术。他们把试验地点放在了北岛海军航空站，主角是 VF-2 战斗中队的寇蒂斯 F6C 战斗机，牵头人是美国海军舰载机部队的创始人、"全甲板攻击"理论的首创者——大名鼎鼎

▲ 著名的米切尔攻舰试验：携带炸弹的陆基重型轰炸机击沉了被俘的德国战列舰"东弗里斯兰"号，证明了飞机攻舰的可能性。但这只是个开端，航空兵要成长为真正有效的进攻力量，还有很长的路要走。

的约瑟夫·梅森·里夫斯上校。1926年10月，初步具备俯冲轰炸能力的VF-2中队在世人面前小小地露了一次脸：他们从加州的长滩基地起飞，在3647米的高度上模拟攻击了太平洋舰队的战列舰。F.D.瓦格纳将军记述了这次演习：这是一场我们闻所未闻的"俯冲轰炸"，战列舰长们对此的反映最有趣……大家都认为这是一种无法抵御的进攻战法。对此，飞行员们的反应则是：前几日的试验证明了这种攻击方式可以为机枪和炸弹的攻击提供无与伦比的准确性。现在大家对此充满了热情，都想尽快让部队训练并掌握这种战法。

这种热情很快就让美国海军站在了"俯冲轰炸"战术发展的最前沿。英国海军、日本海军和德国空军见状，也不遑多让，紧随其后。航空兵第一次具备了用炸弹攻击航行中的军舰的能力。

全甲板攻击

20世纪20年代，飞机搭载的小型炸弹还不足以击沉水平装甲坚实的战列舰。但航空母舰的飞行甲板薄弱，很容易成为空中打击的理想目标——只需投下两枚炸弹封住飞行甲板的前、后两端，就算航母航速再快，也只有逃跑的命。

更要命的是，20世纪20—30年代的舰载战斗机也难以有效拦截对手发起的空袭。早在1927年美国海军组织的第七次"舰队问题"大演习中，美国人就发现舰载战斗机根本不能在远距离内形成绵亘有效的警戒线。凭借飞机200公里以上的时速，对方机群极有可能在不被发现的情况下突破到军舰瞭望哨的观察范围内。想在这么近的距离内阻挡飞机，根本不可能。航母只能眼睁睁地看着敌人用炸弹封住自己的飞行甲板。如果这时还能击落几架敌军飞机作为陪葬，就算不错的了。这就是所谓的"战斗机无用论"。

既然"被发现等于被摧毁"，咱们还是想想怎样才能不被发现吧。精明的美国人在十几次"舰队问题"大演练后得出结论：不应该将多艘航母组成大编队作战，也不该将航母编队固定在主力舰队近旁，那样目标太大，容易招来敌军战机；应该发挥航母高速机动的特长，令其单舰在护航舰队的保护下作战，寻机突袭敌方。想清这一道理后，美国海军以一艘航母加一支护航舰队的模式组成单支航母特混舰队，每支护航舰队由一支巡洋舰中队（包括3艘重巡洋舰）和一支驱逐舰分队（包括9艘驱逐舰）组成。护航舰队负责保卫航母免遭敌方水面舰艇（尤其是同样快速的巡洋舰）的打击，并在防空作战时组织轮形阵。这种相对来说规模较小的航母特混舰队会远离庞大的主力舰队独立执行攻击任务，以免被敌人过早发现和摧毁。多艘航母在战术层面上应分开行动并保持距离，以防止所有航母被敌人一次性摧毁。

既然是单舰作战，为了保证航母的进攻能力，美国海军只能选择让单艘航母在一个攻击波中放出尽可能多的攻击机——这并不是一件容易的事。美国海军20世纪20年代的试验结果显示，一架整备完成的飞机从机库抬升到飞行甲板，再到升空，整个过程最少需要4分钟。按照美国海军第一艘试验航母"兰利"号18架飞机的载机量，要从机库里放出全部飞机至少需要72分钟，1个小时都不够！可以想见，当最后一架飞机升空时，第一架飞机的燃油已经所剩无几了；再想象一下，"列克星敦"级航母搭载小型双翼机时的载机量超过90架……解决方案很简单，把尽可能多的飞机排列在飞行甲板上，从甲板上直接起飞。美国航母的初代掌门人约瑟夫·里夫斯上校在试验中发现，飞行甲板不仅可以在起飞前排列飞机，还可以直接用作飞机的长期停放地，而机库仅用作转运、维修和保养之用。如此一来，不仅攻击波中飞机的起飞变得更加便利，航母的载机量也能变得更大——在甲板上停放飞机之后，"兰利"号的载机定额从18架提高到了36架！至此，美国海军单舰航母组织最大规模攻击波的方法也就成熟了：把航母搭载的几乎所

▲ 1920年，各国开始尝试用舰载机搭载鱼雷，以实现攻击敌方主力舰的目标。当然，这一代鱼雷机还很弱，它们的作用主要是用鱼雷逼迫敌方主力舰队转向规避，从而打乱其战列队形。图为美军DT-2鱼雷机从"兰利"号上起飞。

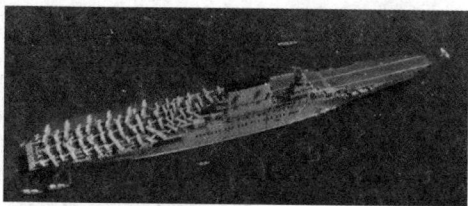

△ 在早期的航母演习中，美、日两军都发现战斗机无法有效拦截来袭的敌机。因此，航母在战场上的生存完全取决于先发制人，必须率先摧毁对手。为此，美国人想出了令航母单舰和护航舰队协同作战，一次性放出全部舰载机集中突击敌方航母的"全甲板攻击"战术。图为这一战术最初的践行者——"列克星敦"号大型航母。

有飞机全部排列停放在飞行甲板上，然后一次性放飞升空。这就是美国文献中提到的"total deck strike"，也就是"全甲板攻击"。1929年的第九次"舰队问题"大演习中，"萨拉托加"号航母向巴拿马运河船闸一次性放出了多达83架飞机！这一次演习也因此被视为美国海军航空母舰的成年礼。

简而言之，美国海军的"全甲板攻击"就是单艘航母作战及一次性放飞全部飞机。事实证明，美军关于"分散布置航母，以防被一锅端"的思路确实行之有效，但代价却是攻击机群的进攻能力受到单艘航母载机量的重大限制：当时一艘航母搭载航空大队的规模大致是72—74架，这也成了攻击机群能够得到有效协调的规模上限。但我们随后就会看到，这样的攻击波规模在日军的巨型攻击波面前是多么的无力。至于多航母进攻，则由于通信和协调的困难，只能做到"同时发起"却无法保证"协调进攻"。

航母集中主义

日本是世界上最早使用舰载水上飞机参加实战的国家。第一次世界大战时，日军在中国青岛与德国占领军的战斗中就用临时改造的"若宫"号水机母舰搭载飞机进行侦察。作为英国皇家海军的"徒弟"，日本海军也在很早就意识到了航空母舰的重要性。1918年，日本决定建造一艘航空母舰。和其他海军列强一样，日本海军对航空母舰的最初定位也是为战列舰队进行校射、侦察和反潜巡逻。到了20世纪30年代，日本海军也和美国海军一样，把"击毁敌方航母"定为己方航母的首要任务。只有做到这一点，航母才能进一步攻击、削弱敌方战列舰。

面对航母的脆弱性，日本人也曾同样为"如何使用航母"这一问题反复争论。最初，日军也一度采用了"分散小群"的航母战术，以减少出战航母被对手抢先发现并全部摧毁的风险。但最终日本海军还是采用了与美国海军截然不同的战术：不再考虑规避攻击，而是把所有的赌注都压在了抢先攻击并一举摧毁敌方航母上。这也解释了为什么日本海军会把出战的所有主力航母集中在一起使用，以及为什么会开发那些重量轻、航程远、防护薄弱的舰载机——前者可使日军组织起威力超群的攻击波，后者可使这些攻击机更有可能抢在敌方之前找到对手并发动进攻。这样，日军航母舰队便可组织起远大于单舰规模的攻击机群，再加上超强续航能力带来的突然性优势，其攻击威力将无与伦比。同时，将航母集中使用还可以带来防空战斗机集中、护航舰艇集中和各航母分队之间通信便利的好处，这些好处都对赢取战斗胜利有很大的帮助。1941 年 4 月，日军将所有大型舰队航母统一编为第一航空舰队，日本海军的"航母集中主义"达到了顶峰。

太平洋战争之初，集中大量舰载航空兵发动进攻的能力是日本海军的一项重要优势。日军航母部队的主力就是所谓的"机动部队"——美国海军的"航母分队"只是个行政单位，但日军的"航空战队"和"机动部队"却是货真价实的作战编制。机动部队下辖三个航母战队：第一战队（"赤城"号和"加贺"号）、第二战队（"苍龙"号和"飞龙"号）和第五战队（"翔鹤"号和"瑞鹤"号）。这六艘舰队航母平时一同训练，战时一同作战，实现了极佳的配合。与美国海军以单艘航母作为基本作战单元不同，日本海军机动部队的基本作战单元是航空战队，实战中多采用少则 2 艘、多则 6 艘航母组成的大型舰队。日军将全舰队的舰载机集中编为两个攻击波，两个攻击波轮流出战，每艘航母每轮放出大约一半的飞机——通常是全部鱼雷机或全部俯冲轰炸机，再加上 6—9 架护航战斗机。这些飞机先在空中集合，在编成机群后，由一名指挥官统一指挥，集中扑向目标。当 4—6 艘日军航母集中作战时，其舰载机的攻击威力可想而知。

简言之，"航母集中主义"就是将多艘航母集中划分成两个攻击波，然后两个攻击波轮流作战。带领"第一攻击波"突袭珍珠港的渊田美津雄中佐后来在《袭击珍珠港》一书中绘声绘色地描述了这一战中的日军机群编成：在总指挥官机后面，是渊田海军中佐直接率领的、由 49 架飞机编成的水平轰炸机队。在右面 500 米空中，飞行高度比水平轰炸机队低 200 米处，是村田海军少佐指挥的、由 40 架飞机编成的鱼雷机队。在左面 500 米空中，飞行高度比水平轰炸机队高 200 米处，是高桥海军少佐指挥的、由 51 架飞机编成的俯冲轰炸机队。板谷海军少佐指挥的、由 43 架飞机编成的制空战斗机队，在编队群上空 500 米处担任警戒和掩护。

这是美、日间的第一战。日军的各型飞机共 184 架，集中在目视可见的几千米范围内协同作战，其机群规模几乎达到了任何一次美军"全甲板攻击"的三倍！日军在这时候还没有专业的通信设备，地空协调很困难，只能依靠信号弹，甚至是小

∧ 日军的"航母集中主义"另辟蹊径——他们完全放弃了"躲避侦察"这一思路，将突破口放在了"集中兵力"这个思路上，以实现强大的攻防能力，确保一击奏效。至于"防御敌方的空袭"方面，他们采取了用更强的防空战斗机来"硬扛"的手段。为此，日军航母并不追求一次性放出所有的舰载机，而是放出一半数量的飞机轮流进行持续攻击。

黑板，但其大规模机群的协同打击能力仍然是同期的美国海军远不能及的。即使是双航母作战，久经沙场的日本飞行员也比沉湎于和平环境的美国同行强悍得多。这一状况一直持续到 1943 年下半年。

但是如前所述，这种集中编组的航母舰队虽然进攻威力强大，但仍然未能克服"航母无法自保"的魔咒。一旦遭到对方强有力的协同攻击，难免被悉数重创。

接下来我们将看到，美军"全甲板攻击"与日军"航母集中主义"的上述优劣在 1942 年的海空战中展现得多么淋漓尽致。

大对决：1942 年，太平洋

战争最初半年，日军迅速扩张：美军控制下的威克岛和关岛迅速易手；防守菲律宾的盟军部队也在日军的重压之下于 1942 年 5 月投降；东南亚的大片西方殖民地更是尽落日军之手。联合舰队手中由 6 艘大型舰队航母组成的第一航空舰队是日军此番入侵的急先锋，它们支援了 1942 年 1 月日军在新不列颠岛拉包尔的登陆，以及 2 月对荷属东印度群岛的进攻。1942 年上半年，第一航空舰队无论出现在哪里，

▲ 珍珠港一战打得美国太平洋舰队的战列舰队至少一年恢复不了元气，航空母舰只好硬着头皮扛起了第一主力的重担，新的时代由此拉开了序幕。

当地盟军的抵抗都会在其航空兵压倒性的数量优势和精锐的飞机、飞行员面前土崩瓦解。日军的攻城略地活动在 1942 年 4 月 5 艘大型航母进入印度洋彻底击溃英国海军远东舰队之时达到了高潮。

对美军而言，既然战列舰队已经完蛋了，那么在战前被视为"海军第二打击力量"且又侥幸躲过珍珠港浩劫的航母部队也就不得不硬着头皮担负起第一主力的使命了。当日军航母机动部队挟排山倒海之势横扫太平洋和印度洋时，美国海军的航空母舰部队只能不断地以单舰向那些防御薄弱的日占岛屿甚至是东京发起一些打了就跑的小规模袭击，虽然也取得了一些战果，但对太平洋战争大局的影响却是微乎其微。正如老话所说："冤家总要聚头"，对美国海军航母部队而言，考验很快就要来了。

珊瑚海战役

1942 年 5 月，日军计划进攻新几内亚东南部、与澳大利亚本土隔海相望的莫尔兹比港。登陆部队由"祥凤"号轻型航母护航和支援，并由编有"翔鹤"号、"瑞鹤"号两艘大型航母的第 5 航空战队予以掩护。日军本来计划在 5 月 10 日登陆，但这显然做不到了：5月7日，美军的"列克星敦""约克城"两艘航母也出现在了此地。这天早晨，珊瑚海水域的美、日两军都发现了对方航母编队的迹象。

遵循"全甲板攻击"战术的美军仍然是单航母编队分别行动。"列克星敦"号和护航舰队组成了第17特混舰队（TF17），"约克城"号及其护航舰队组成了第11特混舰队（TF11），这两艘航母共搭载有130架舰载机。美国人遇到的困难是，飞机上用于敌我识别的设备太少，总共只有6台，其中还有2台在此前空袭图拉吉岛的行动中与"野猫"战斗机一起被击落——在那场战斗中，美军一共只损失了这两架"野猫"，真是悲催透顶。这样一来，所有的雷达信号都只能先预判为敌机；若要一一甄别，则需要己方飞行员打破无线电静默，用暗语报回自己的位置，或者派出巡逻战斗机前去识别。这其中后面这种情况居多，其困难程度可以想见。

5月7日08:33，"列克星敦"号防空指挥官吉尔上尉的雷达操作员在本队正西方仅40公里外发现一架身份不明的飞机。随后的持续定位显示，这架飞机正围绕一个固定的地点兜圈子。吉尔建议派一架飞机去识别目标身份，舰长谢尔曼上校没有采纳。舰长从这架飞机没有靠近的迹象判定其很有可能是友军——他知道自己没几架装有敌我识别器的飞机。谢尔曼舰长后来还是同意了吉尔上尉的建议，因为那架飞机完全没有靠近且降落的迹象，只是一个劲儿地兜圈子。由于云雾太浓，派出去的两架战斗机没能找到目标。尽管如此，吉尔仍然确信那架飞机就是敌人的侦察机并且已经把第17特混舰队的位置报告给了敌方。事实也正是如此，当时有几架从日军巡洋舰上起飞的水上侦察机正潜伏在美军舰队附近。此时，美军舰队上空的雨云越来越浓密，吉尔不得不要求防空战斗机不要离开自己的视线。

"约克城"号的防空指挥官是奥斯卡·彼得森少校，他原来是航空大队长兼VF-42中队长。但舰长艾略特·C.巴克马斯特上校不打算让他继续带队出击，甚至不想让他上天。巴克马斯特知道这家伙比舰上的任何人都更熟悉飞行，所以比任何人都更适合做防空指挥官——在巴克马斯特眼里，让彼得森干防空指挥比带队出击的价值高多了。虽然彼得森本人不乐意，但反对无效，只好遵命。

"列克星敦"号所在的第17特混舰队的指挥官菲奇少将是美国海军的资深航空观察员，弗莱彻中将指派他为飞行长，由他统一负责两支特混舰队所有航空兵的战术指挥。这也意味着"列克星敦"号上的吉尔上尉要统一负责全军的空防，"约克城"号的彼得森少校也要根据吉尔上尉代表的航空指挥官发出的指令来调配本舰的防空战斗机。5月7日早晨，珊瑚海上两艘美军航母的舰载机编成是这样的："约克城"上有 35 架 SBD 俯冲轰炸机、10 架 TBD 鱼雷机、17 架 F4F 战斗机;"列克星敦"上有 35 架 SBD 俯冲轰炸机、12 架 TBD 鱼雷机、19 架 F4F 战斗机。

战斗第一天(也就是 5 月 7 日)08:15,一架执行搜索任务的 SBD "无畏"式俯冲轰炸机声称在第 17 特混舰队西北 320 公里处发现 2 艘日本航空母舰和 4 艘护航巡洋舰。弗莱彻中将确信这就是自己期待已久的日军舰队航母"翔鹤"与"瑞鹤",于是发出进攻令:"所有可用的攻击机全部出击,由战斗机进行掩护。"此时,美军航母通常搭载四个飞行中队:一个战斗中队、一个鱼雷中队、一个轰炸中队和一个侦察中队。轰炸中队和侦察中队装备的都是 SBD "无畏"式轰炸机,侦察中队负责侦察、搜索,一旦有战斗需要,它们也会参与进攻。这四个飞行中队组成一个航空大队,大队长(CAG)的下级是四个中队长,上级便是航母的飞行长。飞行长分管所有航空部门,直接对舰长负责。除了航空大队长,飞行长(俗称"飞老板")还要管辖飞行甲板、航空武器、着舰信号、供应、航油、机库甲板、航空技师、弹射器、照相侦察、着舰拦阻这几个部门。航空大队长的一个主要职责是随攻击机群出击,协调各中队的攻击。在战争初期,航空大队长通常会坐在俯冲轰炸机的后座上;在战争后期,他们还会单独驾驶战斗机参战。

菲奇少将从两艘航母上派出了 75 架攻击机,它们在 18 架战斗机的护航下,扑向了"两艘日军航母"被发现的方位。接着糗事就来了:刚才发现"两艘航母"的飞行员再次报告说,他们发现的是巡洋舰和驱逐舰各两艘!这位仁兄在复查前次通信时发现,居然弄错了舰型代号!令所有人手足无措的几分钟过去后,另一架侦察机发来报告,声称发现 1 艘日军航母、16 艘护航舰和 10 艘运输船!显然,这是日军进攻莫尔兹比港的登陆部队,距离前次误报的位置不足 50 公里。于是,攻击机群继续向新目标飞去。10:50,美军机群飞临"祥凤"号上空,对这艘轻型航母进行了一番"教科书"般的打击,共有 13 颗炸弹和 7 枚鱼雷命中目标,很快将其送入海底——用美军的"全甲板攻击"战术对付这种防空力量薄弱的目标还是游刃有余的。

现在,傻子都知道美国航母也来了。日军进攻部队指挥官高木武雄立即命令运输船和登陆部队返航,莫尔兹比港的进攻计划取消,他要一心一意地对付美军航母。在高木武雄眼里,对付美国航母可比夺取莫尔兹比港重要多了,他立即放出了侦察机。不过,日军的侦察机飞行员比美国同行高明不到哪里去——中午时分,日军攻击机群将美军油轮"尼奥肖"和驱逐舰"西姆斯"当成美军主力展开攻击,将其双双击沉。7 日日落时分,日军才找到真正的美军航母,出动 26 架飞机前去攻击。

好戏开场了！

17:47，"列克星敦"号的雷达操作员发现，在东南方约75公里外，有一支"规模相当大"的敌机机群正在向特混舰队移动——虽然26架日军战机与后来大战中的日军机群规模没得比，但这可是日本航母向美国航母放出的第一个攻击波，所以这群美军是没见过如此阵仗的。

此时，美军舰队头顶上只有8架巡逻战斗机，而且这些战机油量也不多了。别无选择的吉尔上尉也只能硬着头皮，引导这些快要掉下来的飞机前去拦截——火烧眉毛了，能挡一阵是一阵吧。但他很快又令其中4架没有安装敌我识别器的"野猫"撤回来，重新安排25架"野猫"起飞加入防空作战——毕竟对手是真正的日本航空兵，而且数量还不少。

那4架油量不多的"野猫"战斗机运气不错，吉尔上尉将他们直接引导到正在搜索美舰的9架日本鱼雷机的正上方。几分钟以后，这些战斗机击落了4架鱼雷机，击伤1架。其中一架"野猫"与一架鱼雷机同归于尽——那架"野猫"可能是近距离打爆了日军鱼雷机上的鱼雷战斗部，也可能与敌机相撞了；如果是后者，那八成是意外。被歼灭过半的日军鱼雷机失去了继续突破的决心，掉头返航。

当首批迎敌的4架"野猫"战斗机油尽返航时，吉尔又引导7架新起飞的战斗机飞往西偏南方向确认新出现的一架飞机，其余18架留在2艘航母上空作为预备队。派7架飞机去查证1架日机？没错，其实吉尔这时也搞不清雷达上的那个信号到底是什么，按说这时候来的应该都是攻击机了。果然不错，当那7架战斗机飞到指定位置时，6架日军鱼雷机从他们下方破云而出，直奔特混舰队而来！"野猫"机群立即展开进攻，他们首轮突袭就击落1架鱼雷机，日军鱼雷机随即解散阵型，分散突破，7架"野猫"则不依不饶，冒着浓云和昏暗的天色紧追不舍。最终他们击落2架日机，另一架日机被重创，返航时在海面迫降，美军则损失1架"野猫"。剩余6架"野猫"中的4架又遇到了一群正在半黑的夜色和浓云中寻找美军舰队的日本俯冲轰炸机。美军朝着仅能勉强看见暗影的日本飞机发动进攻，最后击落了其中一架。最终，美军防空战斗机以损失2架的代价，击落日机9架。

经过这群"野猫"的几轮冲杀，原本严整的日军攻击机群被打散成了多个小群。天色已暗，他们现在更想找的是自己的航母，而不是美军的航母。为了用所剩无几的燃料多撑一阵子，日军飞机丢弃了炸弹和鱼雷。在低垂的夜幕下，有几个日本飞行员误打误撞飞到了美军航母上空，其中两架飞机甚至加入了排队候降的美军飞机队列, 还居然发出了"准备着舰"的灯光信号。此时2艘美军航母正忙于回收战斗机, 吉尔也发现特混舰队外围有几架飞机身份不明, 但派去确认的巡逻战斗机却没能在暗黑的天幕和浓云之下找到他们。就在这一团乱麻之中, 一艘美军护航舰发现了蹒跚、排队降落的飞机中有几架的外形分明是日本飞机! 他们立即朝这些冒牌货开了火。有些炮弹从正牌格鲁曼战斗机的近旁掠过, 引得飞行员在无线电里大叫"你们打我干什么? 我做错什么了?"这顿炮把那几个昏头昏脑的日本飞行员给打醒了, 他们赶紧落荒而逃, 继续往别处找自己的老家。最终, 11架日军飞机在夜间着舰时坠毁。日军这轮进攻放出的26架飞机中只有5架全身而退, 其余要么被击落, 要么受重创失去了战斗力。

此时天色已然黑透, 双方各自收兵, 打算明日再战。

5月8日是决战日。早晨, 弗莱彻中将估算日军舰队主力大概位于本方舰队以北大约270公里处。08:07, "列克星敦"号雷达发现北偏西约35公里外有一个不明信号, 根据信号强弱, 他们判断目标的飞行高度比较低。这个目标很快就高速向西偏南方向飞离。吉尔上尉引导战斗机前往追击, 但没有找到。10分钟后, 目标从CXAM雷达的屏幕上消失了。很明显, 日本侦察机来了又跑了, 而且已经发现了TF17。

美军也派出了自己的侦察机。08:20左右, 一架SBD发来消息: 日军舰队主力位于本舰队正北方280公里处, 正以15节航速南下。几分钟后, "列克星敦"舰长谢尔曼上校收到一份截获的日军飞行员通话记录, 里面包含了TF17的方位、航向和航速。吉尔上尉的报告得到了验证, 美军舰队被发现了。谢尔曼上校估计日

▲ 珊瑚海战役第一天, 5月7日的战斗以2轮"误击"开场, 美军找错了目标, 结果击沉了日军负责支援登陆的轻型航母"祥凤"号。这也是美国海军"全甲板攻击"战术第一次实战, 效果还不错。图为表现美军鱼雷机冲向"祥凤"号的油画。

▲ 美军攻击"祥凤"号的历史照片。

军的攻击波将在11:00左右到达。此时，两支舰队的航空兵力势均力敌：美军122架，日军121架。

先下手为强！09:15，"约克城"号匆忙放出了攻击波，10分钟后，"列克星敦"号攻击波也出发了，两个攻击波共有46架俯冲轰炸机、15架战斗机和21架鱼雷机。几乎与此同时，日军2艘航母也放飞33架俯冲轰炸机、18架战斗机和18架鱼雷机。双方攻击兵力对比为：美军82架，日军69架。

"约克城"号机群率先发现日军航母"翔鹤"号，随即发动进攻。9架TBD"毁灭者"鱼雷机向"翔鹤"号投下鱼雷，但投雷距离太远，鱼雷航速又太慢，日军航母从容规避，鱼雷无一命中。不过，俯冲轰炸机干得还不错，它们命中2弹，引发大火，但此时的"翔鹤"仍然可以继续回收飞机。紧随其后的"列克星敦"号攻击机群继续进攻"翔鹤"，再次命中1弹，彻底封住了它的飞行甲板。日军"瑞鹤"号则躲在了一片雨云区里，逃过了美军的打击。

美军在大举进攻的同时，也没有放松警惕。10:12，吉尔上尉奉命放飞10架"无畏"式俯冲轰炸机加入防空巡逻，以对付日军的鱼雷机。轰炸机飞行员们自然不太乐意干这档活，但谢尔曼上校认为，"无畏"式轰炸机毕竟装备有2挺前射12.7毫米机枪和2挺装在后座机枪座上的7.62毫米活动机枪，而且飞行性能好歹不会逊色于鱼雷机，所以还是可以凑合着充当防空战斗机的。10:15，吉尔上尉提议放飞甲板上所有可用的战斗机准备迎敌，但被飞行长菲奇少将否了——如果战斗机全部上天，等他们燃油耗尽时日机突然出现，舰队就完蛋了。

上午10:48，鬼子来了！CXAM雷达的A型显示器上出现了日军攻击机群主力的迹象，距离舰队西北约110公里。此时美军的防空准备并不太好。吉尔上尉手中的防空战斗机只有8架，此外还有十几架SBD俯冲轰炸机在低空巡航准备对付日本鱼雷机，但吉尔却无法指挥这些"兼职战斗机"。那8架战斗机中的4架已经在天上飞了90分钟，其余4架也飞了70分钟，都没法在天上待太久。

吉尔赶忙放出了9架待命的"野猫"战斗机，接着向空中的8架战斗机发出了"嘿！土包子！"（Hey! Rube!）呼叫，意即要他们从各个巡逻点返回母舰上空待命。11:01分，他引导"列克星敦"号新起飞的5架战斗机从高度3000米接敌。几分钟后，他又要求这些战斗机以最大巡航速度飞向目标。但是很快吉尔就发现目标区域有一层低云，3000米高度的战斗机无法看到低空飞来的鱼雷机，于是11:07，他要求这5架战斗机中的2架降低高度，寻找鱼雷机。

▲ 一幅反映美军俯冲轰炸机突击日军航母"瑞鹤"号的油画。

▲ 珊瑚海一战,除了防空指挥不理想之外,美军的F4F"野猫"战斗机也首次在与零战的较量中全面落败,"无敌零战"的神话由此开始——当然,这个神话也没有持续太久。

▲ 5月8日决战爆发前整装待发的"约克城"号VB-5中队的俯冲轰炸机群。两军实力相当,又几乎同时发现对手,这是一场势均力敌的对决。

11:08，吉尔又引导"约克城"号新起飞的 4 架"野猫"战斗机出击，这次的高度是 300 米，目标仍然是搜索日军鱼雷机。但很快事实证明他错了。11:09，在3000 米高度接敌的 3 架战斗机发现了来袭日军机群，估计数量约为 60 架，高度在3000—3100 米之间！最高处是一群护航战斗机，稍低些是一群俯冲轰炸机，再往下又是一群战斗机，最下方是鱼雷机，这支机群距离美军特混舰队只有 32 公里了！就在"野猫"长机开始爬升准备截击俯冲轰炸机时，日军鱼雷机开始俯冲，准备进入投雷航线。慌乱之下的战斗机小队长机甚至忘记发回接触报告，这使得吉尔上尉无法获知最急需的日机高度信息，他只能通过无线电里的呼喊判断战斗机已经与日军机群交火了。11:11，他告知在舰队上空的巡逻战斗机，已经有 3 架战斗机与敌机开战了，这些巡逻机飞行员要瞪大眼睛仔细观察周围。实际上，那 3 架在 3000米迎战日机的"野猫"没有高度优势，数量也很少，很快被日军的零式战斗机杀得大败，被全部击落。而此时，在低空寻找日本鱼雷机的 6 架"野猫"却一无所获，只是和那些充当"兼职战斗机"的 SBD 打了几个照面。

日军鱼雷机队的领队岛崎重和少佐指派 14 架鱼雷机进攻"列克星敦"号，其余 4 架进攻"约克城"。此时，派出去迎战剩下的 6 架的"野猫"战斗机已经回到舰队上空，其中 1 架"野猫"击落了 1 架鱼雷机，8 架在舰队上空待机的"野猫"击落 3 架。而那些"兼职战斗机"SBD 则一无所获，反而被护航的零式战斗机击落 6 架，重伤 2 架。现在，打击落到了美军航母头上。日军鱼雷机的攻击战术十分漂亮，攻击机分散成多个小群，从多个不同方向扑向"列克星敦"号，如果自己操舰躲避一个方向的鱼雷，那就会穿入另一个方向鱼雷的航迹。从正前方飞来的 2 架鱼雷机更是一左一右各投一雷将航母夹在中间，航母要么放弃规避直航，否则无论左转还是右转都会撞上其中 1 雷！此时，舰队上空的防空战斗机正和日军俯冲轰炸机以及四处开花的高炮烟云混成一团，无暇他顾。11:18 分，"列克星敦"号左舷被命中一雷，接着是第二枚、第三枚，全部打在左舷。在底舱奋战的抢险队回报舰桥：如果还要挨鱼雷，就让它打在右舷。

飞向"约克城"号的 4 架日本鱼雷机则一无所获，舰长巴克马斯特上校操舰避开了所有的鱼雷。但是日军的俯冲轰炸机却没那么好对付：一架 99 舰爆投下的250 公斤炸弹击穿了飞行甲板，在机库里爆炸，炸死 66 人。此时，正当"列克星敦"号吉尔上尉准备联络"约克城"号的防空指挥官彼得森少校接手防空指挥时，他的无线电坏了！当他听说"约克城"号挨了炸弹时，他也无能为力，只能等待无线电修复。在激烈的规避机动中，两艘美军航母的距离被拉得很远，吉尔上尉已经无法负责"约克城"号的防空指挥，彼得森少校只能靠自己了。然而，11:31，"约克城"号的CXAM雷达也失灵了。现在，两艘美军航母一艘成了"哑巴"，一艘成了"瞎子"。彼得森想请吉尔上尉接管自己的防空引导，但对方却什么都听不到，他只好闭眼命令所有防空战斗机"保卫舰队"，并要求"切斯特"号巡洋舰上的雷达官接手防空指挥。11:41，"约克城"号的雷达被修复，但此时日军的空袭已结束。几分钟后，"列克星敦"的无线电也恢复了。但他们所能做的只剩下重新编组巡逻战斗机，并回收攻击机了。

　　11:32，日军攻击机群完成任务离去。正午左右，"列克星敦"号的比尔·布彻少校带领12架"无畏"俯冲轰炸机在返航途中遭遇到6架同样正在返航的零战，而且这些零战正向他飞来！他赶紧要求吉尔上尉派防空战斗机前来支援。吉尔发现布彻少校的轰炸机距离母舰还有50公里，而此时2艘航母上空总共只有8架防空战斗机，吉尔实在不敢冒着让舰队漏出空门的风险去支援这些轰炸机，他只能把一部分战斗机的位置向北移动16公里，以尽早接应到这些陷入险境的轰炸机。好在这些零战没有关照这群美军轰炸机，可能是弹药耗尽，也可能是急于返航而未能发现他们。

　　此时，"列克星敦"号伤势虽然不轻，但仍然能够和友舰保持队形，并继续回收飞机。只是舰内的大火让那些医护人员不得不在危险的有毒气体中奋战了。舰长谢尔曼上校后来写道："我不能忽略这些人的英勇，这是一种精神。这时候伤员已经占据了他们所有人的所有思维。"实际上，身处险境的并不仅仅是医护和抢险人员：命中的鱼雷震裂了航空油槽，可燃性的油气随后弥散到了整个舰体内部，虽然官兵们对这一危险还不太理解，但是他们马上就要看到后果了。12:47，油气的浓度达到了爆炸临界，立刻被发电机的火花引燃。14:45，"列克星敦"号又发生了第二次大爆炸，这一次，爆炸的威力不仅让抢险队员们之前的努力顷刻间化为乌有，还摧毁了引擎舱的通风系统。到15:15，火势最终失去了控制，弹药库也面临着随时被高温引爆的危险，16:30，随着蒸汽安全阀门的开启，"列克星敦"号彻底瘫痪在了水面上。17:07，菲奇少将下令弃舰。

　　珊瑚海战役，日本人认为自己赢了，因为他们以损失1艘轻航母、1艘驱逐舰的代价击沉了重型的"列克星敦"号，外加1艘油轮和1艘驱逐舰，但美国人却赢得了战略上的胜利。他们不仅挫败了日军进攻莫尔兹比港的计划，还使得威力强大

▲ 被日军击中的"列克星敦"号飞行甲板。战斗刚刚结束时，"列克星敦"号的状态还算不错，虽然甲板受损但还能勉强回收舰载机。

▲ 航空油槽中挥发出的可燃气体最终葬送了"列克星敦"号。弥漫的可燃气体达到一定浓度后被引爆，之后就是一连串爆炸，直至引发弹药殉爆。

▲ "列克星敦"号被鱼雷击中的破处。经过抢修，"列克星敦"号恢复了25节航速。可见"列克星敦"级的防护能力确实很强。注意：照片左下方的暗影是由于胶卷受损导致的。

▲ 珊瑚海战役的经验表明，雷达和通信系统在战时的可靠性并不很高，尤其是在军舰中弹震动之后。因此，航母尚需装备第二台雷达以备万一之需。图为正在改装中的"萨拉托加"号舰岛。

的"翔鹤""瑞鹤"缺席了其后关键性的中途岛一战。

　　总体来看，珊瑚海一战双方打成平手。虽然美军一方的防空作战完全是失败的，但毕竟美军在日机到达前20余分钟就发现了对手，这也证明了依靠雷达提前发现对手并予以拦截是可行的，只是美军的雷达还不完善，难以应付激烈防空战的需要，对雷达信息的组织使用也还很不完善。而这些问题，都会在严酷的战争中逐步解决。

中途岛战役

参加中途岛战役的三艘美军航母上共搭载有 250 架舰载机，数量和日军南云忠一中将的 4 艘航母相当。斯普鲁恩斯指挥辖有"企业""大黄蜂"两舰的 TF16，弗莱彻继续指挥仅剩 1 艘"约克城"号的 TF17。

1942 年 6 月 3 日战斗爆发前一天，美军两支特混舰队的参谋们共同商定了接下来战斗中的防空计划。两支特混舰队间距 40 公里，这样既能够互相支援防空战斗机，也不会被一架日军侦察机同时发现。由"企业"号上斯普鲁恩斯参谋部的通信官，莱昂纳多·唐少校统一指挥全部 3 艘航母的战斗机防空作战，而一旦 TF17 需要单独作战，则由"约克城"号奥斯卡·彼得森少校负责 TF17 的防空指挥。因此，两人都需要知道全军所有飞行员的无线电呼号，他们交换了战斗机编制表，并且商定共用一个无线电频率。他们还互相交换了防空指挥用语词典，并对其中一些不一致之处做了统一约定。每艘航母都被指定了一个无线电呼号，"企业号"是"红基地"，"大黄蜂"号是"蓝基地"，"约克城"号则是"猩红基地"①，接下来，每一架战斗机的代号就是所在航母的颜色加上本机在中队中的编号。例如红 12 机就是"企业"号战斗中队的第 12 号机。"企业"号上所有的"野猫"战斗机都装备了敌我识别器，"大黄蜂"号也有一大半战斗机装备，但"约克城"号上装备敌我识别器的战斗机不足一半，因此"约克城"号的飞行长重新编组了战斗中队，确保每一个战斗机小队里都有至少 1 架飞机装备识别器。不过，各艘航母的攻击机都基本没有敌我识别器，所以引导官们预料这将耗用不少防空战斗机去确认它们的身份。两支特混舰队的指挥官还一致同意，舰载战斗机的主要职责是保卫航母，为此宁愿牺牲一些对攻击机群的护航。

决战的日子到来了。

早在 6 月 3 日下午，中途岛上的远程航空兵就已经和日军的登陆船团有了一些接触。但日军的主力，第一机动部队却一直没有亮相。6 月 4 日 04:20，22 架 PBY 水上飞机从中途岛基地起飞搜索日本航母编队。

4 日早晨 05:34，第 16 特混舰队终于截收到一条来自中途岛上 PBY 飞机的简短电报："敌人航母！"，漫长的等待瞬间终止。05:53，PBY 的第二条消息传来：

①在英语中，"红"和"猩红"是截然不同的两个词，不会弄错。

"许多飞机正飞往中途岛"。鬼子来了，但他们在哪儿呢？06:03，差不多在最初的消息收到的半小时后，准确消息终于来了："2 艘航母和战列舰，方位 320，距离 180，航向 135，航速 25。"①

根据这些情报，美国人迅速算出日军在己方舰队西南偏西 280 千米的地方。不幸的是，来自 PBY 的情报其实并不准确：日军机动部队实际上还在 300 千米之外。此时，坐镇"约克城"号的弗莱彻最想知道的是其余的日本航母在哪里，这一可能的威胁使得他无法放手攻击已知的 2 艘日本航母，否则他的舰队就会毫无还手之力地暴露在其他日本航母的反击之下。最后，他决定，派第 16 特混舰队的两艘航母全力出击，留"约克城"号做后备。06:07，他向斯普鲁恩斯发出命令："向西南方前进，确定敌军航母的方位并迅速歼灭之。"

收到指令，"企业"号上的斯普鲁恩斯和参谋部简短商议了一下，7 分钟后做出决定——07:00 起飞，把 16 特混舰队的所有家伙扔到日本人头上。他们估计，攻击机群将在月 250 千米外发现敌舰。可是，信号的传递却出现了故障，"企业"的僚舰"大黄蜂号"没有及时收到命令，这一意外直接导致了她直到起飞前 7 分钟才收到起飞命令！万幸，即使如此，"大黄蜂"号仍没有耽误时间——她的舰员们早就做好了出击的准备。06:56，两艘朦胧巨舰调转舰艏，开始迎着轻拂海面的东南风前进。

这真是个讽刺：唯一有航母对战经验的"约克城"号被留作预备，没见过什么世面的"企业"和"大黄蜂"却受命发动至关重要的首波攻击。"约克城"号上的弗莱彻少将、舰长艾略特·巴克马斯特上校和他们的参谋都拥有组织全面进攻的第一手经验，而且早已准备好在眼前的恶战中一显身手，而第 16 特混舰队的 2 艘航母却没有这些有利条件，更不幸的是，由于时间紧迫，"约克城"号的经验教训还没有传授给他们。结果，第 16 特混舰队的攻击群组织很快陷入混乱。07:20，"企业"号俯冲轰炸机队起飞后，4 架故障飞机占据了飞行甲板，这让起飞工作足足耽误了 25 分钟！07:45，斯普鲁恩斯由于担心燃料的不必要消耗，要麦克拉斯基的机群不要等待后续机群，先行出发。而此时，第二批的 6 架护航战斗机才刚刚开始起飞。攻击机群的起飞过程一直持续到约 08:00！麻烦事还不止这些，"企业"号的

---

① 即方位在中途岛差不多正西北稍偏北；距离 180 英里（约 288 千米）；航向指向正东南（航速 25 节）。

护航战斗机在起飞后错误地飞到了"大黄蜂"号上第8战斗中队的战位上，挤跑了本该为"大黄蜂"号机群护航的战斗机，而第6鱼雷中队也失去了护航机。

本应集结成群的攻击机群就这样稀稀拉拉地向日舰飞去。

混乱不只出现在美军方面。

06:40，空袭中途岛的"加贺"号机群指挥官在无线电里喊叫说"战果重大"，但20分钟后——差不多就是美舰开始放飞飞机的时候——日军空袭部队指挥官友永丈市大尉却向南云做出了相反的报告："还需要第二波攻击"。仿佛是在强调这一点的确凿无疑，07:10，来自中途岛的陆基飞机飞临日军舰队上空，一场战斗随即拉开序幕。

美军陆基攻击机的进攻是英勇的，却也是悲壮的。在随后的一个小时间，5个批次共55架美军攻击机飞蛾般扑向日本舰队，在日本战斗机和舰炮火力的绞杀下化为纷飞的铝片，却没有给日舰造成任何损伤，

但是，这些飞行员的勇猛进攻却给日军留下了这样的印象：中途岛上的岸基航空兵是最危险的敌人。07:15，南云命令那些原留下来用于攻击美舰的飞机换装对地攻击武器，准备攻击中途岛。可是，换装工作开始还没多久，"利根"号重巡洋舰的4号水上侦察机——就是那架"著名"的推迟了半小时才起飞的飞机——发现了美军舰队。

07:28，"利根"号的侦察机发回报告："十艘舰船，明显是敌舰"，在中途岛以北大约240英里处，航向西南偏南，高速行进中（可能是弗莱彻的第17特混舰队）。由

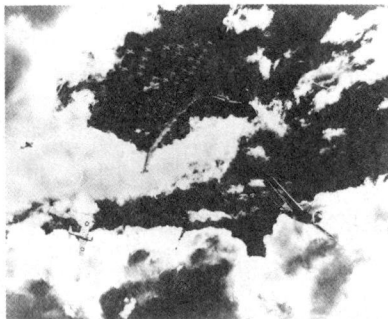

▲ 战役当天清晨，日军空袭中途岛的机群和守岛部队的战斗机展开了一场大混战，美军的"水牛"和"野猫"战斗机被零战杀得大败。

▲ 中途岛战役是美国海军航母特混舰队防空体系的第二次大战。这套仍不成熟的系统还将在这场战斗中继续以血的代价打磨自己。图为CV-6"企业"号航母的舰岛，顶端的CXAM雷达天线清晰可见。

于这一情报未提供对方舰种，南云和他的参谋一时没有想到那会是美国航母编队，因而在15分钟里没有采取任何行动。但到了07:45，他好像忽然醒悟，下令"赤城"和"加贺"两艘航母暂停更换武装，舰队重新做好对付敌方水面舰只的准备，同时命令侦察机"确认敌舰种类"。

08:20，就在美军陆基飞机的攻击结束之时，"利根"号的侦察机修正了先前的报告："敌舰队中好像有一艘航空母舰。"南云在此战中第一次明确了，他面对着美军的航母。这一消息不啻晴空霹雳：按日军的预计，美军舰队主力还要过几天才会到来。现在，南云面前有两种选择：立即放飞飞龙、苍龙2艘母舰甲板上的36架俯冲轰炸机前往攻击美军航母；或者等前去空袭中途岛的飞机返航后再发动全力一击。由于日军原先预备用于第二攻击波的战斗机都被派上天空阻击美军陆基飞机的进攻，南云手头没有可用的战斗机去为轰炸机护航，加上没有察觉自身处境的危险，南云选择了等待。

就在南运犹豫不决的时候，美军舰载机出现在了他的面前。

鱼雷攻击失败

第8鱼雷中队指挥官是约翰·C.沃尔德伦少校，他和"大黄蜂"号的机群指挥官斯坦霍普·C.林格中校失去了联系，未能按指定航线飞行，因此脱离了机群其他部分，独自飞向西南方。但是，这支脱离了编队的鱼雷机中队却是第一支找到日本舰队的美军舰载机部队。09:20，早晨空袭中途岛的那些日机刚刚降落完毕，沃尔德伦的机群就从东北方低空接近了日舰。原来，南云已经改变了航向，以避开中途岛上美机的攻击并靠近美军舰队。尽管既没有战斗机护航也没有俯冲轰炸机配合，第8鱼雷机中队还是勇敢地发动了进攻。这次进攻的结果是悲剧性的。在日本零式战斗机的截击下，15架飞机被悉数击落，只有乔治·盖伊少尉的飞机投下了鱼雷，而且未命中。30名空勤人员中，只有盖伊少尉1人生还，在被击落后，他在第一线目睹了其后发生的一切。

如果没有第8鱼雷中队的攻击，"企业"号的第6鱼雷中队就很可能和日舰擦肩而过。大约09:20时候，林塞少校的飞行员们正在1500英尺高度上向南搜索飞行。忽然，有人发现机群西北方48千米处有一团烟雾！很明显，那里正在进行一场战斗。鱼雷机的飞行员们立刻调转机头直扑烟雾所在的方位。接近目标的过程中，他们看到一艘航母的航向似乎先是指向正西，随后又紧急转向北，还没有转过来，就再度向南转向。这种剧烈的转向能够迫使来袭的鱼雷攻击机不停地变换攻击航线，从而延长他们暴露在防空火力和战斗机面前的时间。不过，如此机动的仅限于敌人的航空母舰，敌人舰队中的其他舰只都在各自独立机动，他们的队形很快就散乱了。

09:30，在雾蒙蒙的海面上，中队长林塞少校辨认出3艘航母，于是选定距离最近的"加贺"号航母作为攻击目标，从日军护卫舰的间隙中插了进去。根据当时的鱼雷机战术，林塞把机群一分为二，准备展开交叉攻击，这样日舰无论转向规避哪一队鱼雷机，都会把自己的侧舷暴露给另一队。

冲向"加贺"侧舷的美军鱼雷机群立刻遭到了日军零式战斗机的集中攻击。鱼雷机分队长随即用预先商定的呼号呼叫第6战斗中队的"野猫"："下来，吉姆！"——但没有任何响应。由于将第8鱼雷中队误当成第6中队，那些护航机一直待在第8中队上空的位置上。看到沃尔德伦的TBD冲进烟雾，第6战斗中队立刻在日舰东北方约15英里处占领位置，准备支援。现在，真的第6鱼雷机中队从西南方冲向日本舰队时，他们却只能待在隔着整个日本舰队的地方，眼睁睁地看着鱼雷机被一架架地送进大海。[①]

▲ 美军鱼雷机的决死突击！3艘美军航母向日军放出了41架鱼雷攻击机，仅有5架生还，其中"大黄蜂"号的VT-8中队更是无一生还！图为反映美军鱼雷机进攻"加贺"号航母的油画。

---

① 沃尔德伦的机群攻击时，格雷或许收到了呼救，但若如此，他是不是在奇怪为什么第8战斗中队不去支援呢？

如此，攻击结果就可想而知了。VT-6的鱼雷机勇敢地冲向"加贺"，却只能在零式机的大肆砍杀之下一架接一架坠入大海。"毁灭者"大部分没有冲到投雷位置，只有5架受伤的飞机勇敢地接近到距"加贺"号只有1000码的地方，投下了鱼雷，可惜没有命中。返航途中，一架飞机由于燃料耗尽在中途迫降，机上的两名乘员在他们的橡皮艇里可怜巴巴地挨了17天，直到6月21日才被中途岛上的PBY救起。

"约克城"号的鱼雷机虽然得到了一小队战斗机护航，但命运也好不到哪里去。第3鱼雷机中队的12架鱼雷机中只有1架回到第17特混舰队，而且伤重无法降落，只好在舰队附近水面上迫降，飞行员被"哈曼"号驱逐舰救起。该中队投下的5枚鱼雷则被"飞龙"号全部躲开。

如果日本人原来怀疑过对手的战斗决心，那么现在他们应该领教了。在南云的旗舰"赤城"号上目睹了这些攻击的渊田美津雄中佐，在赞扬零式机的卓越表现时，也没忘了说到"美军飞行员表现出的英勇无畏"。然而，无论渊田还是他的同僚都

▲ 命运5分钟！利用日军防空战斗机追击鱼雷机的机会，美军SBD"无畏"俯冲轰炸机凌空杀来，几分钟内就引爆了"赤城""加贺""苍龙"三舰甲板上堆放的炸弹和鱼雷，一举扭转战局。这一战况也显示了日军在防空调度方面的严重缺陷——1942年6月，日军在舰队防空方面也和美军一样经验不足。图为一组描述"命运五分钟"的油画。

▲ 中途岛易被忽略的细节：摧毁了日军航母主力的美军俯冲轰炸机群也付出了惨重的代价，"企业"号飞临日军上空的31架轰炸机中只有13架返航，另有6架飞机迫降后机组被救起，其余12架要么被击落，要么因迷航而失踪，返航飞机也是伤痕累累，"企业"号舰载机大队长梅克拉斯基中校座机返航时带着55个弹孔，大队长本人都挨了一枪。图为在美军巡洋舰"阿斯托里亚"号旁迫降的"无畏"式轰炸机。

没意识到，这些接连不断、看似没有什么作用的攻击已经给南云舰队埋下了灾难的种子。日舰原本严整的队形，在鱼雷机的冲击下变得七零八落："赤城"号与"加贺"、"苍龙"两舰的距离被拉开到6000码，防空火力已无法协同，"飞龙"则干脆被甩到了地平线以下！那些在舰队上空巡航的零式战斗机为对付鱼雷机已经失去了高度，而且大多油弹两尽。

更重要的是，在幸存的鱼雷机脱离目标返航的时候，胜利的影子已经在这些勇士们的面前出现了。

俯冲轰炸机

大约在这天早晨08:30左右，美潜艇"黄貂鱼"号在日军舰队中间升起了潜望镜，发现那些舰艇正"高速前进，从潜艇近旁驶过"。早些时候，作为在中途岛西部与北部水域巡逻的11艘美国潜艇之一的"黄貂鱼"号已经遭受了日舰的炮击和深弹攻击，现在，当潜艇向一艘大舰射出一条鱼雷后（未中），攻击又开始了。日本轻巡洋舰"长良"和驱逐舰"岚"用深弹轰击了"黄貂鱼"号。当轰击停止后，"黄貂鱼"再次升起潜望镜，"岚"号随即再度猛扑过来，更多的深水炸弹飞散而至，这次攻击一直持续到09:18，日舰放弃攻击并前去追赶南云舰队主力为止。此时，这片海域的积雨云已经飘散，天上已是朗朗晴空，驱逐舰的雪白的尾迹留在平静的海面上，就像一根手指，笔直地指向日军航母舰队的方向。这根手指给联合舰队带来了什么，现在还无从预料，不过，会知道的。

上午09:20，"企业"号的航空大队长麦克拉斯基带着第6轰炸和第6侦察中队的SBD俯冲轰炸机来到预定的目标区时，却扑了个空！简单检查航线之后，他决定继续搜索。一个决定命运的判断就在此刻出现了。

轰炸机群的左边不太远的地方就是中途岛。以日舰25节的航速，如果他们朝这个方向行驶，他们就会从岛旁开过——这显然是不可能的。那么，日舰一定就在机群的右半边，他们无疑改变了自己的航向，但会如何改变呢？麦克拉斯基认为他们最大的可能就是调转航向向后撤退一段距离。基于这样的判断，他决定，机群转向正西搜索56千米，然后转向西北方向，沿日舰接近的航线追踪。由于机内载油量的限制，麦克拉斯基决定到09:50时如果还没有发现目标，就向东返回母舰。

也许是命运之神在冥冥中的安排，09:47，就在美机的搜索即将到达终点的时候，海面上一艘孤零零的船吸引了麦克拉斯基的注意。他将这艘舰判定为日本巡洋舰，这不重要，重要的是，他立刻判断出这艘驶向东北方的船是在追赶日本舰队主力！麦克拉斯基迅速将他的编队航向转向东北，沿那艘船的航线飞行。那艘鬼影般的船，并不像麦克拉斯基认为的那样是一艘巡洋舰，而正是前面提到的那支"手指"，日本驱逐舰"岚"！[①]

10:02，差不多就是第6鱼雷中队刚刚败退而第3鱼雷中队的攻击刚刚开始的时候，麦克拉斯基的轰炸机群分成2层分别从6000米和4500米高度上浩浩荡荡飞临日舰上空。上层的是麦克拉斯基亲自带领的第6侦察中队，下层是理查德·贝斯特上尉指挥的第6轰炸中队。第6轰炸中队之所以飞在低层，是因为在接敌前不久，

---

① 这不由得令人想起了日德兰海战打响前的那艘丹麦货船，那艘船曾出现在即将错过的英德舰队之间，把双方拉到了一起。

几架飞机用光了机上的氧气。

此时天气晴好，能见度极佳。450 到 750 米高度上有一些碎云，机群上方没有云层。海面风速 5—8 节，风向东南。麦克拉斯基简短呼叫了一下手下的飞行员，确定联络畅通后，就占领了出击位置。此时，第 6 轰炸机中队的一架轰炸机燃料告罄，只得返航，而其他飞机的情况也好不到哪里去，有的飞行员甚至希望眼前的就是自己的特混舰队！

尽管有这样那样的麻烦，一个最大的困难却缺席了：在这些 SBD 飞向"下压点"（就是俯冲轰炸机由平飞转入大角度俯冲的位置）的时候，竟然没有日军战斗机的打扰，而且连军舰上的高射炮都保持着沉默！于是，"无畏"致命的俯冲就这么毫无阻碍地开始了。

攻击从日舰西南方开始，麦克拉斯基决心攻击离自己最近的两艘日本航母：西侧的"加贺"和东侧的"赤城"。4500 米上的贝斯特上尉用无线电向 6000 米上的麦克拉斯基通报了自己攻击"加贺"号的意图，不过后者显然没有收到。10:22，麦克拉斯基率领僚机和第 6 侦察中队转入 70° 的大角度俯冲。贝斯特惊异地看见原先比他们高 1500 米的友机从他身边呼啸而过，笔直地冲向他原打算攻击的"加贺"号。第 6 轰炸中队的 2 个小队没有收到中队长"集结编队"的信号，也跟着麦克拉斯基冲了下去。

13 架"无畏"机以 130 余米的间距一架接一架冲下来，"加贺"号根本没有时间做出反应。连舰上的高射炮都是在美机俯冲到一半时才把炮口扬起来。大约 500 米高度上，美机投下了炸弹。麦克拉斯基和他的僚机没有命中，但第四位置的加拉赫上尉却把一颗 454 公斤炸弹结结实实地砸在"加贺"号飞行甲板后部的鱼雷机中间。这些本来要去毁灭美舰的飞机现在再也不能飞了，它们携带的燃料和弹药瞬间引发了冲天烈焰，并很快淹没了全舰。上尉后面的 2 架飞机的投弹只是近失，第二架还被击落，两名乘员阵亡。他们之后第七位置上绰号"尘土"的诺曼·克莱斯少尉投下的一枚炸弹落在"加贺"号前升降机旁边，另一枚则击中了加油设施，舰桥立即溅满了着火的汽油。后来的 6 架飞机相继投弹，但此时烟火已经覆盖了"加贺"，准确计算命中了多少已经是不可能的了。

眼见"加贺"已经遭到攻击，10:26，贝斯特上尉和第 6 轰炸中队的其余飞机转而攻击了"赤城"号。贝斯特后来这么回忆道：我们就在那里，晴朗的天空，平静的大海，我的面前就是"赤城"号。她的甲板被涂成了很浅的黄色，飞行甲板前部涂有一个巨大的红丸。那就是我的瞄准点。我把瞄准具的十字线钉在那个红球上，在 1800 英尺高度时投下了炸弹。

贝斯特与他的僚机，埃德温·克罗格少尉和弗雷德里克·韦伯军士共命中 2 枚 454 公斤炸弹，还有 1 枚近失。贝斯特的炸弹引爆了"赤城"号机库甲板上随意堆放的弹药，韦伯的炸弹则把飞行甲板后部准备起飞的日本飞机变成了一团烈焰。和"加贺"号一样，笼罩全舰的浓烟使得人们无法判定后续攻击的命中数。曾经指挥了对珍珠港的袭击，当时住在"赤城"号上的日军渊田美津雄中佐向我们描述了这个灾难的场面：看着四周，我被这几秒钟内突然降临的灾难吓呆了。舰艉部升降机后面的飞行甲板被砸了一个大洞，升降机则像熔化的玻璃一样扭成一团，无力地垂在甲板上。甲板变成了一大堆奇形怪状的碎块四散飞起。后面的飞机一个个都冒着青紫色的火焰，腾起滚滚浓烟。

短短 5 分钟里，"企业"号第 6 侦察中队和第 6 轰炸中队的 32 架俯冲轰炸机摧毁了日本海军机动部队 2 艘最精锐的舰队航母。"加贺"号被命中 4 枚 1000 磅炸弹，于当天 17:00 被放弃，19:25 消失在太平洋的波涛之中；"赤城"号只被命中 2 弹，但也在当天夜间被放弃，并在 5 日天明前由随行的"野分"号驱逐舰用鱼雷击沉。

与此同时，"约克城"号上马克斯·莱斯利少校率领的第 3 轰炸机中队的 17 架俯冲轰炸机也出现在日本舰队上空，把 3 枚 1000 磅炸弹重重地砸在"苍龙"号航空母舰的飞行甲板上，把她变成了一团火球。

对于这次进攻，麦克拉斯基后来如此评价：接近投弹点的时候，另一个让我吃惊的事情出现了：2 艘航母的甲板上都挤满了刚从中途岛回来的飞机。后来我才知道，就在我们找到日本航母的时候，一架日本水上飞机也发现了我们的舰队。当时那些飞机正在加油装弹，准备攻击我们的航母。如果我们第 6 联队那时也像"大黄蜂"号的轰炸机那样向南返回中途岛……我至今还能想象"企业"号和"大黄蜂"号像"约克城"号三天后那样躺在海底的景象。

"飞龙"号的反击

现在轮到日军反击，美军组织防空了。

此时，日军"飞龙"号航母已经在之前的规避机动中远离了其他 3 艘日军航母，反而相对安全。日军山口多闻少将站在"飞龙"舰桥上可以清楚看到南方海面升腾起的 3 股浓烟。10:58，他命令"飞龙"号独自发起反击！进攻兵力包括 18 架俯冲轰炸机和 6 架护航战斗机。日军机群找到了几架返航中的"约克城"号"无畏"式轰炸机，顺藤摸瓜飞临"约克城"号上空。11:50，"约克城"号的 CXAM 雷达操作员发现了五十余公里外的来袭机群，方向 225°，跟在返航的本方攻击机后面。此时，"约克城"号已经在之前放飞攻击机群时远离了 TF16，现在，TF17 上空的防空作战改由彼得森少校指挥。

他立即引导 4 架"野猫"战斗机前往迎击。但拥挤的通信频道坑了美国人，当战斗机长机收到引导指令时，来袭日机距离母舰已经只有 40 公里了！当第一批战斗机确认目标并发回报告时，彼得森立即毫不犹豫将本舰上空所有的巡逻战斗机派了出去，还请求 TF16 支援一批战斗机参与截击。现在防空作战的局势是总共 19 架"野猫"战斗机对阵来袭的 18 架俯冲轰炸机和 6 架零式战斗机。彼得森还要求返航的"无畏"轰炸机群远离战场。当"野猫"战斗机与日军机群展开交火时，日本攻击机距离航母只剩下 20—25 公里了。这距离太近了，留给防空战斗机的时间太少了！虽然战斗机和高炮联合绞杀着数量本来不算多的日军 99 舰爆，但还是有 8 架轰炸机突破进来，向"约克城"号发动了进攻，命中 3 弹。其中 1 枚炸弹穿过层层甲板，一路落到前弹药库附近爆炸；第二枚炸飞了飞行甲板的一个拐角；第三枚则顺着烟囱落进"约克城"号的锅炉舱爆炸，熄灭了全部 6 台锅炉中的 5 台。虽然"约克城"号舰体依然完好，但航速却下降到了 6 节。不过几个小时后，舰上的抢险队修复了 4 台锅炉，军舰航速恢复到 20 节。

14:00，"企业"号上的"红色"26 号双机在防空指挥官唐少校引导下击落了 72 公里外一架日军侦察机。他们已经跟踪美军舰队长达 3 个半小时。日军侦察机发现美军战斗机后，并没有逃跑，反而摆出了拼死一搏的架势迎着美机飞了过来。不过这并没能改变它的命运。"野猫"战斗机很快将其击落。

几分钟后，唐少校遇到了一件极其有趣的事情。美军防空战斗机的通信频道里忽然传出一个口音极其标准的英语指令："所有蓝队战斗机返航加油！"唐立即意识到发生了什么，这个指令显然来自侵入美军通信频道的日本人！唐立即告知飞行员刚才是假命令，不要受骗。这一事件更证明了甚高频通信的必要性，这将使得远距离的敌人无法侵入。虽然飞行员可以认出引导员的声音，但如果敌人在频道里大放音乐让飞行员什么都听不到呢？

"飞龙"号的第一波攻击发出后，山口少将又组织起第二波攻击，这次是 10

架携带鱼雷的 97 舰攻在 6 架零战护航下前往进攻。他们再一次找到了"约克城"号。14:30，"约克城"号的 CXAM 雷达捕捉到了 72 公里外的来袭日机。2 分钟后，彼得森少校引导 4 架战斗机在 5000—6000 米高度前往迎击，另 2 架则从低空前往。高空的 4 架战斗机错了来袭机群未能发现，彼得森只好呼叫那群战斗机"快速返回，你错过他们了！"与此同时，低空的 2 架战斗机看到了目标。"野猫"战斗机和舰队的高炮火力击落了一半的鱼雷机，但仍有 5 架成功向"约克城"号投下了鱼雷，命中 2 雷。由于"约克城"级航母的锅炉和轮机未能交叉布置，这两枚鱼雷使得海水淹没了舰上所有的锅炉，所有发电机停止了工作，彼得森少校的防空指挥也不得不停了下来。"企业"号的唐少校立即接管了全舰队的防空引导，他梳理了所有战斗机的情况，召回了那些燃油将尽的飞机。

受创的"约克城"号停了下来。她的船舵被卡住，舰体倾斜 26°。巴克马斯特舰长担心军舰翻沉，于是命令除了抢险队员外全员离舰，由护航驱逐舰打捞船员。最终，受创的"约克城"号与捞救舰员的"哈曼"号驱逐舰被偷偷潜入的日军潜艇用鱼雷击沉。

中途岛一战，日军"航母集中主义"的软肋暴露无遗。虽然四艘航母联手的攻击力和防空战斗机实力确实可观，但当美军攻击机接二连三地冲来时，日本人还是没能打破"航母无法自卫"的魔咒。当防卫舰队上空的零式战斗机群被美军鱼雷机吸引到低空后，美军 3 支俯冲轰炸机中队的一轮突击就直接敲掉了集中在一起的三艘日本航母。

而美军"全甲板攻击"的优劣也同样在这场战斗中展现得淋漓尽致。由于各航母间距太远，且航母本身的实战经验不足，美军的"全甲板攻击"可谓是组织不力，混乱百出，鱼雷机和俯冲轰炸机之间绝妙的战术配合只能用"运气"二字来解释。而当日军发起攻击时，3 艘航母的分散配置又严重干扰了日军对战况的判断：他们 2 次击中"约克城"号，但却误判为击中 2 艘美军航母，而 TF16 的"企业""大黄蜂"两舰则始终没有被日军发现。当然，无论如何，赢了就是赢了。

另一个很重要却容易被忽略的事实是，美国海军的雷达防空战术在中途岛第一次真正见了效——得益于提前发现来袭日军机群，美军提前组织战斗机前往拦截，还从"企业"和"大黄蜂"上空调来战斗机支援"约克城"。虽然截击距离只有二十余公里，也未能最终挡住日军对"约克城"号的进攻，但至少防空战斗机在雷达的指挥下击落了一半的日机，这个代价是日本人承受不起的。

东所罗门海战

1942 年 8 月下旬，美日两军在瓜岛激战正酣。获悉日军舰队即将护送运输船队重返瓜岛，美军航母立刻转入战备状态。21 日，"黄蜂"号的一架 SBD 轰炸机在执行侦察任务时击落一架日军大艇，因此日军中的不少人把 SBD "无畏"式轰炸机称为"双座战斗机"，太平洋战争尤其是 1942 年时在空战中沦为"无畏"枪下鬼的日本飞机包罗万象，连零战都有不少，甚至还有"无畏"的飞行员宣称击落5 架日机后被送去改行学开战斗机的！22 日，"企业"号的防空指挥官罗尔上尉在雷暴天气下引导战斗机又击落一架日军大艇。此外平安无事。

8 月 24 日中午时分，"萨拉托加"号的防空指挥官威克曼少校根据雷达信息引导战斗机击落 2 架日军水上侦察机，但第二次被击落日机的坠海地点已经在特混舰队瞭望哨的目视范围内了。弗莱彻确定，自己的舰队已经暴露。

24 日正午，日军轻型航母"龙骧"号率先向亨德森机场放出了攻击波。由于"龙骧"号搭载的大部分是战斗机，因此这支机群包括 15 架零式战斗机和仅仅 6 架 97舰攻，他们的任务是摧毁机场周围的高炮阵地和停在机场上的战斗机，为后续的机场压制扫清障碍。13:20，"萨拉托加"号的 CXAM 雷达捕捉到了 150 公里外飞向瓜岛的日军机群，于是立即向岛上美军发出预警，但是此刻严重的无线电背景噪音干扰了信号的传递，"仙人掌航空队"只能靠自己了——1942 年时的无线电通信就是这个样子，指靠它，你就输了。此时瓜岛上没有雷达，所以守岛美军在白天保持了 4 架"野猫"战斗机在空中巡逻，地面则有 12 架"野猫"和几架陆军的 P-39 "飞蛇"战斗机随时待命——和航母舰队防空不同，机场挨几枚炸弹并不会造成太大的损失，只要能尽量多击落敌机，消耗敌方航空力量就可以，因此不必像航母那样追求在最远距离上拦截，防空巡逻机也还能凑合。14:15，巡逻战斗机发现"龙骧"号的攻击机群越过图拉吉岛飞来，随即发出战斗警报。13 分钟后，地面上的瞭望哨又发现 6 架日军双引擎轰炸机加入了战团。空战随即爆发。到 14:50，陆战队的"野猫"战斗机已经击落了 10 架轰炸机和 7 架零战，地面高炮也击落了 1 架零战。日军最终只有 7 架战斗机和 2 架 97 舰攻得以返航，那 6 架双发轰炸机则全军覆没。

"龙骧"号的先下手并不为强，反而让自己遭了殃："萨拉托加"号虽然没能替陆战队进行防空预警，但 CXAM 雷达捕捉到的日机航迹却帮助美军判断出了"龙骧"号的方位。美军随即放出攻击机群，一轮砍瓜切菜将"龙骧"送入海底，还捎带着击沉了 1 艘运输船，击伤 2 艘并迫使其返航。当美机进攻日军登陆舰队时，日军的"翔鹤""瑞鹤"两艘大型航母仍在组织侦察机搜索美军航母。

24 日 14:00，"企业"号防空战斗机根据雷达引导，在舰队西南方向 56 公里外击落了一架日军侦察机，这次，日机赶在被击落前向南云中将发出了美军的位置，虽然情报不完善，但还是足够让南云判断出美舰的位置了。15:00，日军翔瑞两鹤向美军放出了 42 架规模的攻击机群，其中 12 架是护航战斗机，其余是攻击机。就在日军放飞机群之时，14:45，两架执行搜索任务的美军"无畏"式轰炸机在美军舰队以北 400 公里处找到了"翔鹤"号，他们向母舰发出接触报告，随即各带着 1 枚 500 磅炸弹冲向日军航母。但日军瞭望哨及时发现了这两架美军轰炸机，舰长随即操舰急转，避开了这 2 枚炸弹。就在几星期前，"翔鹤"号刚刚装上了日军新研制的 21 号 1 型电探（雷达），这两架"无畏"便"有幸"成了最早被日军雷达发现的美机。只是，此时日军的雷达也正经历着和美军一样的"成长的烦恼"，譬如内部通信不畅、雷达室过于狭小、操作繁琐等等，其结果就是他们的发现未能及时发给舰长。日军靠的仍然是瞭望哨。对于这两架美军飞机而言，最大的不幸在于，由于大气干扰，舰队收到的侦察报告缺失了至关重要的目标方位与发送者身份两项信息，弗莱彻现在仅仅知道日军出现在了他侦察机的活动半径内，其余仍然一无所知——恶劣的无线电通信狠狠坑了美国人一把，现在，美军完全丧失了先发制人的可能性，只能坐等日军的打击到来。

16:02，"萨拉托加"和"企业"两艘舰上的 CXAM 雷达同时发现舰队西北 140 公里外的一大群回波信号。此刻，美军航母上的许多攻击机都被派出去搜索日军航母了，弗莱彻现在唯一可做的就是先击退日军这波进攻再说。防空指挥官罗尔上尉要求"萨拉托加"号放飞所有可用的战斗机，同时引导 10 架战斗机迎着目标飞去，以图在尽可能远的距离上拦截敌机。16:04，西北 67 公里外又出现了一个不明信号，罗尔再次派出 10 架战斗机前往查证，结果发现那只是一架敌我识别器失灵的 SBD。由于发现目标距离较远，弗莱彻得以把 2 艘航母飞行甲板上所有的攻击机派出去寻找并进攻日军舰队，接着放飞一大群防空战斗机，最后又把所有易燃易爆物收拾了起来，清空了甲板。此后，2 艘航母的雷达都丢失了目标，再次发现时，距离已经缩减到 70 公里——CXAM 雷达有个缺陷：雷达 A 型显示器的展示距离只有 80 公里，目标距离超过 80 公里就会从 0 开始显示，如此反复 4 次直到 320 公里的最远探测距离。虽然操作员可以使用一个"趟数（trip）"按钮来查看敌机所处的距离，但每当目标飞到 80 公里整数倍的距离时，其信号就会无法显示。这个缺陷在后来的雷达型号上得到了解决。

　　根据发现距离和回波信号覆盖的扇区角度，"萨拉托加"号的威克曼少校判断日机来袭高度为5400米（18000英尺），作为旗舰的防空指挥，他要求"企业"号遵从自己的判断。但要命的是威克曼的指令被"企业"号误读成了2400米（8000英尺）！加上"企业"号唐少校自己估测的3600米（12000英尺），他认为日军的飞行高度最多也不过如此了。于是他把30架"野猫"战斗机分别布置在舰队上空2400米、3000米、4500米高度，并从中抽出8架战斗机从3600米高度前往迎击。这些战斗机飞行了53公里后才发现原来日军攻击波比自己高很多！原来威克曼判断才是正确的！现在，这些"野猫"不得不一边爬高一边迎战零式战斗机。不幸的是，爬升率从来就不是"野猫"的强项，前出应战的美军战斗机击落了几架99舰爆和零战，但仍有24架日军俯冲轰炸机突破到"企业"号上空。7架布置在最高处的"野猫"赶在日军轰炸机进入俯冲前进行了攻击，还有10架战斗机攻击了俯冲途中的99舰爆，但这显然不够，最终有3枚炸弹命中了"企业"号。好在美军已经清空了甲板，这些炸弹没有造成更多的损失，抢险队在一个小时内就修复了飞行甲板使其可以继续收放飞机。好消息是，日军第二攻击波的鱼雷机群由于通信故障未能找到美军舰队。

　　东所罗门一战，美军以"企业"号受损的代价击沉"龙骧"号和1艘驱逐舰，击退了日军登陆船团，可以算是一次战术胜利。不过按照"全甲板攻击"的航母交战理论，美国人此战压根没能向日军航母主力[1]发动全力一击，反而自己挨了日军重重一击，可谓完全失败。但就在这失败的战役态势下，美国人却取得了一项难得的成绩：保住了自己的航空母舰（虽然运气的成分也不少）。虽然对敌机高度判断失误，防空战斗机的接战态势十分不利，但毕竟他们在53公里之外就拦住了日军的攻击波，而且成功打散了日军攻击波的队形，如此才使得"企业"号仅仅被3枚炸弹击伤。假如没有雷达的指挥和防空战斗机的奋战，"企业"号将难以从日军俯冲轰炸机和鱼雷机的夹击下生还。在东所罗门，美国海军的雷达防空体系算是赢取了战争中的第一分。

---

① 指"翔鹤""瑞鹤"两舰，不包括负责支援登陆的"龙骧"号。

圣克鲁兹海战

圣克鲁兹海战是美国海军航母部队雷达防空战史中教训最深刻的一次失败。

1942年10月底，瓜岛战役进入了新一轮高潮。此时，机场周围的瓜岛丛林已经被日本陆军占领，准备一旦援军到达就直取亨德森机场，日本海军联合舰队也出动了一支由4艘战列舰、4艘航母、10艘巡洋舰和22艘驱逐舰组成的庞大舰队，在护送陆军援军上岛的同时，寻歼南太平洋的美军主力。

此时，南太平洋的美军航母特混舰队由托马斯·C.金凯德少将指挥，拥有"企业""大黄蜂"两艘航母。前次参战的"黄蜂"号已于9月15日被日军潜艇击沉，"萨拉托加"号则再次被日军潜艇用1枚鱼雷送回了修船厂。此外，美军还有新型战列舰"南达科他"号、6艘巡洋舰和4艘驱逐舰。金凯德在"企业"号上升起将旗，这也意味着"企业"号的防空指挥官将承担起整个舰队的防空指挥。此时哈尔西已经升任南太平洋战区总司令，"企业"号上那位经验丰富的防空指挥官唐少校被哈尔西带到了自己设在努美阿基地的新司令部，唐的副手，罗尔上尉则回到新建成的瓦胡岛雷达中心继续干他的主任参谋。为了充实这一极其重要的岗位，太平洋舰队司令部派来了一位重量级的专业防空指挥官，罗尔的上司——瓦胡岛太平洋舰队雷达中心的校长，约翰·H.格里芬中校。但这也埋下了隐患：此人的防空指挥理论知识极其丰富，但实战经验却仅限于2年前旁观不列颠空战，舰队出航后的无线电静默也使得他没能获得实战演练的机会。

∧ 日军"龙骧"号航母。这艘航母的设计意图是钻《华盛顿条约》不计算1万吨以内航母的空子，造一艘1万吨以内的小型航母，结果使得"龙骧"号头重脚轻，载机量、防护能力双双挂科，无法参加舰队作战，只能和那些改造轻型航母一样执行护卫船队等次要任务。

10 月 25 日，美日两军舰队就有了一些接触，美军发动了一波攻击但未能找到目标而落空。10 月 26 日零点过后几分钟，一架装备有英制 ASV Mk2 型雷达的"卡塔琳娜"水上飞机发现南云忠一的航母编队正位于圣克鲁兹岛西北数百公里处。此时，金凯德的特混舰队正位于圣克鲁兹岛以北，处在可攻击日军舰队的距离之内。于是，天刚破晓，金凯德就从"企业"号放出了 16 架挂载 500 磅炸弹的 SBD 轰炸机执行"挂弹搜索"任务。其中 2 架轰炸机率先找到了日军舰队。日军舰队上空 6 架正在巡逻的零战立即扑向美军轰炸机，但这 2 架轰炸机却像条泥鳅般左躲右闪左冲右突，不但安然脱险，反而打下来 3 架日本战斗机！"双座战斗机"再次发威！趁着零战和第一组 SBD 纠缠的当口，另一组 2 架 SBD 轰炸机乘虚而入，命中"瑞凤"号轻型航母 1 弹。"瑞凤"飞行甲板后部被毁，无法回收飞机，只好退出战斗返回特鲁克基地维修。

　　接到那两架轰炸机的报告后，金凯德急忙放出了攻击波：07:40，"大黄蜂"号放出 29 架飞机；08:00，"企业"号放出 20 架；08:15，"大黄蜂"再次放出 25 架。虽然这 74 架飞机的规模不算小，但它们却分成 3 个小群，稀稀拉拉地向日军舰队飞去。同在破晓时分，日军侦察机也发现了美军舰队，等候多时的日军攻击波随即起飞。就这样，双方的攻击机群在距离美军舰队约一百公里处遭遇了。

　　"大黄蜂"号的第一攻击波和日机没有交手，双方各自奔向自己的目标；接着，9 架零式战斗机从太阳方向冲下来，扑向第二波中"企业"号那些笨重的"复仇者"。眨眼间，3 架"复仇者"坠入大海，还有一架带伤返回了母舰。"复仇者"机群的护航队，VF-10 中队的"野猫"机群此时正在前方盘旋等待落后的"复仇者"，一见有鱼雷机拖着浓烟下坠，他们立刻拍马赶到还日本人以颜色，击落了 3 架零战，还击伤了 1 架。经此一番交手，"企业"号的攻击波实力大减，不仅鱼雷机损失严重，战斗机也因燃油消耗过多而无法飞抵预定位置。结果，这群美军攻击机只是攻击了日军前卫阵位上的"比叡""雾岛"两艘战列舰，且无一命中。

　　最终只有来自"大黄蜂"号的第一攻击波找到了日军航母编队。这次，日军航母上的雷达终于发挥了一点作用——虽然他们的预警只比瞭望哨提前了 3 分钟，但好歹美军飞机算是被雷达发现的了。美军"无畏"机遇到了零式战斗机的拦截，护航的"野猫"式战斗机立刻赶来护驾，一场混战随即爆发。20 分钟后，3 架"无畏"（包括带队长机，不过指挥官本人后来被救回）和几架零式被击落，其余美军轰炸机发现自己正在"翔鹤"号与受损的"瑞凤"号上空，11 架俯冲轰炸机旋即扑向南云的旗舰，尚且完好的"翔鹤"号航空母舰。美机从日舰上空交错飞过，把4枚454公斤炸弹丢在日舰甲板上。多亏了"翔鹤"级厚重的机库装甲甲板，再加上飞机已经飞走，输油管道也已清空，"翔鹤"号才捡回一条小命，可是她的飞行甲板已经全毁，只好在修船厂里乖乖地待9个月才能再次重披战袍。

"大黄蜂"号的第三攻击波和"企业"号第二攻击波一样攻击了日军前卫舰队。"大黄蜂"号的9架"无畏"机对着日本的"筑摩"号重巡洋舰俯冲下来，2—4枚454公斤炸弹直接砸在日舰上，还有几枚近失："筑摩"号虽未沉没，其上层建筑却已被夷平。几架携带炸弹的"复仇者"攻击了重巡洋舰"利根"号，不过只有一枚近失，其余均未命中。

美军的攻击就这么不痛不痒地结束了。"全甲板攻击"战术攻击力弱的问题一如既往。而对于美军来说，实力强大的日军攻击机群才是最大的挑战。

当天09:00，就在"大黄蜂"号攻击波重创"翔鹤"号之前不久，日军攻击机群从5100米高度飞临美军两艘航母所在海域。此时，"企业"号正躲在一片暴雨中，16公里外的"大黄蜂"号就成了日军集中攻击的目标。

攻击机群放出后，美军舰队就做好了迎击日军空袭的准备。格里芬中校在"企业"号上空3000米布置了7架"野猫"，在"企业""大黄蜂"两舰之间的同等高度上布置了4架。他选择这个高度是为了节约战斗机的燃油和机载氧气，他打算一旦雷达发现目标，再根据需要指挥战斗机爬升。在南方16公里外的"大黄蜂"号上，引导官阿兰·F.弗莱明上尉也在本舰上空3000米布置了8架"野猫"。弗莱明在中途岛战役时是舰上的飞行甲板官，他那时对舰上的防空指挥牢骚不断，于是上级干脆"你行你上"，还把他送到格里芬中校的防空指挥学校进行了培训。08:30攻击机群报告发现日机并指出日军即将进行俯冲轰炸时，这些日机还没有出现在CXAM雷达的屏幕上——格里芬中校的第一个错误：他关于先节约燃料再根据需要爬高的设想自然有其合理性，但他没有考虑到，万一雷达不能及时发现目标怎么办？！显然，一个没有实战经验的人并不容易预料到这种情况。

金凯德要求"大黄蜂"号立即放出所有战斗机准备作战，很快，她上空的战斗机就达到了22架，其中8架已经在3000米高度待命，其余还在爬升。"企业"号上，格里芬中校一直旁听飞行员们的通话，并据此判断日军机群将从舰队左舷发动进攻，因此他引导一部分巡逻战斗机向左舷也就是南方空域搜索，他还提示飞行员们目标高度可能比他们高——格里芬的第二个，也是最不可原谅的错误：飞行员们口中的"左舷"是指飞机的左边,而不是舰队的左边!或许他认为飞行员们根据日机的航向判断出他们打算迂回到本方舰队南翼,但这种推断实在是不太靠谱,毕竟激战中的飞行员很少能够像他这种资深参谋那样思考战役全局。

直到08:42格里芬引导战斗机南下时,他的雷达屏幕上还没有出现日机的踪迹。这又是另一个最恐怖的大问题——这次不怪格里芬了:当天,2艘航母上的CXAM雷达居然同时出现故障,收不到回波信号,而2名雷达操作员又都不知道这个情况!接下来是第四个大错:此时只有"北安普顿"号重巡洋舰上的CXAM雷达工作正常。08:41,"北安普顿"号雷达发现西偏北110公里外出现了一大群目标(与格里芬派出搜索机的方向南辕北辙!),但巡洋舰认为航母的雷达一定也能发现这个情况,所以没有通过无线电发布自己的发现,而只是用旗语把信息发给了本队的"大黄蜂"号。旗语的传递需要几分钟时间,而"企业"号上的格里芬中校则对此毫不知情。

在这一连串不可思议的恐怖错误之后,08:55,日军攻击机群终于出现在了"大黄蜂"号的雷达屏幕上,战斗终于以让美国人猝不及防的方式打响了。

此时,敌机位于美军舰队西偏南,距离仅有56公里了!弗莱明上尉立即引导2个四机小队向西迎战,这些战斗机飞行员认为自己3000米的高度过低了,于是自主决定爬升。几分钟后"企业"号也发现日军机群距离本舰72公里,格里芬中校也派遣2个四机编队前往拦截。08:59,"大黄蜂"号的战斗机首先发现目标,他们向弗莱明发出报告:日军俯冲轰炸机的飞行高度为5100米,俯冲轰炸机、鱼雷机、战斗机总数多达53架,规模很大。弗莱明闻讯立即又派出7架"野猫"增援,同时指挥本舰上空的8架巡逻战斗机爬高。弗莱明的战斗机最终在距离舰队40公里处,5100米高度抓住了日军,但此时日军攻击机已经转入了俯冲,扑向他们唯一看见的美军航母"大黄蜂"号。

最初接触日机的那8架"野猫"高度不够,根本顶不住日军护航战斗机的攻击。结果是美军损失了3架"野猫",仅仅击落了3架99舰爆。其余日军轰炸机则进入了俯冲航线,直奔"大黄蜂"而去。更糟糕的是日军的鱼雷机又接踵而至,而"大黄蜂"号上只有1名战斗机飞行员得以与敌机接触足够的时间而在拦截作战中有所作为,那就是乔治·L.沃伦少尉。由于和长机失散,沃伦和第一批日机中的轰炸机和零式战斗机进行了短暂的交战后遇到了正在高速逼近的日本97舰攻机群。在另两架F4F的掩护下,他将最先遇见的两架鱼雷机打进了海里,随后又独自冲向另两架日机将他们击落,最后,燃料和弹药都已经不足的沃伦又在特混舰队近旁将一架

97舰攻的机翼拦腰打断。这一次，沃伦和8架敌机进行了交战，击落了其中5架，从而成了"大黄蜂"号一生中唯一的一位王牌飞行员。虽然沃伦表现优异，但毕竟靠他一己之力是挡不住日军攻击的。在F4F和高炮火力的联合绞杀下，日军鱼雷机的进攻有一半半途而废，但是仍然有11架飞机强行突向"大黄蜂"号航母的右舷。

此时，在16公里外暴雨区下的"企业"号上，格里芬中校正试图摸清日军的进攻战术，尤其是，是否还有一支机群正向"企业"号袭来？他通过无线电询问弗莱明的雷达是否发现更多的攻击机群，答复是只有一个大机群，而且全部都在向"大黄蜂"号扑来。闻讯，格里芬立即把"企业"号一半的巡逻战斗机派去支援友舰。但已经来不及了。

09:05，"大黄蜂"号上的瞭望哨发现了日军飞机，4分钟后，舰上的127毫米高炮开火了。美军绵密的高炮火力击落了3架来自"瑞鹤"号的99舰爆（其中1架坠毁在了"大黄蜂"的飞行甲板上），但仍有4架成功投弹，并命中"大黄蜂"号3枚250公斤炸弹。而那11架突破美军战斗机防线的97舰攻则从"大黄蜂"右舷发起了雷击，虽然有5架鱼雷机被美军高射炮撕碎，但仍有2枚日军鱼雷被射入"大黄蜂"号的躯壳。在如此猛烈的攻击下，"大黄蜂"号失去了动力，向右倾斜着瘫痪在了水面上，无法再收放飞机。作为打瘫"大黄蜂"的代价，日军第一攻击波的53架飞机只有15架生还。美军还损失了6架"野猫"。09:48，日军第一攻击波结束，"企业"号开始回收"大黄蜂"号和本舰的飞机。

南云忠一确信，虽然他的第一攻击波只找到1艘美军航母，但附近肯定还有第二艘。返航的日军飞行员也报称听到2名美军防空指挥官在无线电里指挥战斗。于是他决定派出第二攻击波。第二波的俯冲轰炸机和鱼雷机分成2个机群，前后间隔45分钟起飞。第一群是"翔鹤"号的19架99舰爆和5架零战，飞行高度4800米，第二群是"瑞鹤"号的17架97舰攻和4架零战。与此同时，"企业"号驶出了云雨区，并于09:37被一架日军侦察机发现。09:45，"企业"号编队内的"南达科他"号战列舰的雷达发现日军第二攻击波的第一群出现在舰队北方40公里外。而此时"企业"号上的格里芬中校正纠缠在一团乱麻里：由于雷达故障，他根本搞不清自己的防空战斗机在哪里，只知道日军机群正从西面飞来，他只能要求战斗机飞行员注意观察北方和东北方，但飞行员们也无法找到隐藏在浓云背后的日机。不仅如此，此时美军战斗机的高度只有3600米，很难拦截4800米高度飞来的日军俯冲轰炸机。结果是，仅有2架"野猫"战斗机赶在日军轰炸机进入俯冲前进行了拦截。

10:15，"企业"号的瞭望哨发出了警报。"企业"号编队的防空火力很强，尤其是装有大量 127 毫米、40 毫米高炮的战列舰"南达科他"号，"企业"号自身也刚在不久前把过时的 28 毫米四联装高炮换成了十分有效的四联装 40 毫米博福斯高炮。一轮俯冲攻击过后，"企业"号被命中 3 枚炸弹，但行动无碍，航母和护航舰共计击落了 6 架日军俯冲轰炸机。至于航母上空的 12 架"野猫"战斗机，则完全没有找到目标。飞行员们事后抱怨，他们原本可以占据十分有利的截击位置，但由于没有得到准确引导，他们无法发现敌人。

　　10:40，"瑞鹤"号的 17 架鱼雷攻击机出现在了格里芬中校的雷达屏幕上。雷达操作员判断日机飞行高度较高，因此可能是俯冲轰炸机，但直觉告诉格里芬，这次一定是鱼雷机。10:44，他引导战斗机前往拦截，并告知飞行员们注意"抓鱼"。此时，日军鱼雷机已经分成 2 队，意图从 2 个方向夹击美军航母，而格里芬刚好把战斗机引导到了其中一队 8 架鱼雷机的进攻路线上。最终，这一股鱼雷机被"野猫"击落 3 架，只有 5 架得以从北面飞向"企业"号，但他们投下的鱼雷无一命中，反而又被高炮击落 2 架。另一组 8 架鱼雷机和 1 架无武装的指挥机意图绕到"企业"号西侧发动进攻，它们在机动途中被高炮和"野猫"战斗机击落 3 架，但仍有 4 架向"企业"号投下鱼雷，不过这些鱼雷还是被"企业"号成功规避。另一架鱼雷机向"南达科他"号投雷但未命中。最终，日军第二波第二群的 17 架鱼雷机中，有 8 架成了"野猫"战斗机和美军高炮的牺牲品。

　　10:58，"企业"号上的 CXAM 雷达天线卡住无法转动，好在 17 分钟后就修复了。那个爬上去修理的雷达技师还差点被从桅顶摔到飞行甲板上。

　　当"大黄蜂"号的抢险队拼命拯救军舰时，最后的 4 架日军鱼雷机又悄悄潜入命中她一雷，米切尔舰长被迫命令弃舰。另一方面，驻守亨德森机场的美军海军陆战队击退了日军地面部队的进攻。这是日本最后一次向瓜岛发起大规模攻势。虽然失去了"大黄蜂"，但美军重新控制了瓜岛周边海域。

　　圣克鲁兹海战显然是美国海军的一次战术失败。美军仅仅击伤了"翔鹤"号，自己却失去了"大黄蜂"号，"企业"号也受到重创，美军航母部队的攻击力再一次惨遭日本同行碾压。不过，此战中日军的攻击力优势主要体现在了极其优越的飞行员素质和进攻组织能力上，而"全甲板攻击"与"航母集中主义"的高下，在双方航母二对二对决的时候根本就显示不出差别。然而也正是在圣克鲁兹一战中，日军所仰仗的优秀飞行员队伍走到了消耗殆尽的边缘。10 月 26 日下午，迟到了的日军"隼鹰"号航母向正在进行最后抢修的"大黄蜂"号放出的最后一批4架鱼雷机,已经是当时日军所能出动的全部飞机了!仅仅只有4架!当年在珍珠港率领鱼雷机队一举打瘫美军战列舰队的日军村田重治少佐也在率队冲向"大黄蜂"号时被击落阵亡。

反观美军,除了一如既往的攻击不力之外,他们拉起的防空网却是前所未见的:38架"野猫"战斗机在雷达的指引下严阵以待,假如运转正常,日军能否击沉大黄蜂还很难说。但这张看似严密的防空网实际上却漏洞百出最终,虽然天上有38架战斗机护卫,但真正向日军飞机开火的美军战机却寥寥无几。幸亏美军的高炮火力已经空前强大,击落了不少日军飞机,才算是没有完败。

▲ 1942年9月15日,"黄蜂"号被日军潜艇伊-19命中3枚鱼雷沉没,南太平洋美军的航母实力大为折损。诡异的是,伊-19齐射出的6枚鱼雷,另有两枚误打误撞集中了12公里外"大黄蜂"编队中的战列舰"北卡罗莱纳"和驱逐舰"奥勃莱恩",可谓运气爆表。

▲ 被日军炸毁的"企业"号127毫米炮平台。

对于雷达防空指挥来说,这次战役显然是一次彻底的失败,因为大部分战斗机都没能充分发挥战斗力。这里的原因十分复杂:两艘航母的雷达双双故障,导致未能及时发现敌机;其他军舰发现了敌机却不知道该怎么做;由于指挥官判断失误,部分防空战斗机被引导到了错误的方向而未能参战……在写给海军司令金上将的报告中,尼米兹写道:"我方的空战指挥不如此前几次战斗有效。敌机直到很近的距离才被发现,雷达屏幕上充斥着本方的飞机,无线电通话纪律也很差。我们的空战指挥在演习和对付小规模敌机攻击时十分有效,但当敌机规模较大而且与友机混杂在一起时,问题就会难以解决。"由此看来,太平洋战争第一年中,美国海军航空母舰的防空指挥还不是十分可靠,在四次航母会战中,3次都有1艘美军航母被击沉。不过具体到圣克鲁兹海战,应该看到,"企业"号上所有熟练的防空指挥官、雷达操作员和绘图员都在战斗爆发前被全部调离换成了新人，新人根本没有机会与战斗机中队磨合，而且雷达还出了故障。

值得一提的是，作为美军舰队防空总指挥的约翰·格里芬中校在国内此前的各种书刊上背了很多黑锅。以往国内普遍认为此人经验不足，为了便于指挥空战而将战斗机布置在了距离航母过近过低的位置上。但现在我们可以清楚地看到，事情显然不是这样。美军之所以未能在远距离拦截敌机，那完全是因为雷达故障，未能提早发现日机，而不是格里芬中校有意为之。何况，作为美国海军防空指挥学校的创始人兼校长，而且考察过不列颠战役防空指挥的防空理论大师，格里芬绝对不可能违背"截击距离越远越好"这一防空指挥的"天条"——本系列的后续文章中将会看到，这一"天条"正是格里芬在他的防空指挥学校里首创。有人说他过度从战斗

∧ "企业"号防空作战现场照片。浓云密布的天空下密集的高炮烟团，战斗的激烈跃然纸上。图中远处的大舰是战列舰"南达科他"号。

∧ 丧失动力后由"北安普顿"号巡洋舰拖曳撤退的"大黄蜂"号。后因日机袭扰和拖曳钢缆断裂而被弃舰，由友舰击沉。

∧ 被日军俯冲轰炸机炸伤的"大黄蜂"号舰岛。"大黄蜂"号在战斗中先后被命中2枚鱼雷（后来抢修过程中又被另外击中1枚鱼雷），3枚炸弹，还有2架受伤的日军飞机撞了上去。最致命的是那2枚鱼雷，分别击中了军舰的锅炉舱和轮机舱，使她彻底失去了恢复动力的可能，最终导致弃舰。这一原因和中途岛海战中的"约克城"号如出一辙。轮机舱与锅炉舱的集中布置是"约克城"级的一大设计缺陷。

▲ 日军俯冲轰炸机攻击下的"大黄蜂"号航母。

▲ 日军航母"隼鹰"号。这艘由豪华邮轮改造而来的航母由于航速慢，未能跟上主力舰队的步伐，但却在战役最后时刻赶到战场，在两军主力也已筋疲力尽的情况下放出了最后的决定性一击。其实美军也有用大型邮轮改造航母的XCV计划，但后来因性能不满意而取消。

机飞行员角度考虑问题，这更是无稽之谈，因为此人根本没在天上打过仗。格里芬缺乏实战经验确实是事实，但这主要体现在他忽略了雷达故障的可能性导致战斗机未能及时爬高，以及误判飞行员通话导致误判日机来袭方向这两件事上。

顺便提一句，这场海战中一直有一个神话，据说"南达科他"号战列舰的40毫米四联装博福斯高炮大显神威，击落了24架进攻"企业"号的日机。但实际上这也不是事实，因为大部分日军飞机的攻击重点都是"大黄蜂"号，只有第二攻击波的36架俯冲轰炸机和鱼雷机进攻了"企业"号，最终被击落的也只有14架而已。在激烈的战争中，无论是为了邀功请赏还是鼓舞士气，甚至只是简单的误判（比如3名炮手同时击落1架飞机，就会被误判为击落3架），各种虚报战绩从来都不是什么稀罕的事。

惨烈又辉煌的一年

当"大黄蜂"号航空母舰最终沉入圣克鲁兹群岛附近海面的时候，日军在太平洋上的进攻也到达了顶点，战事即将逆转。经历了一年的拼杀，美日两军都已是筋疲力尽。美国人损失了"列克星敦""约克城""黄蜂""大黄蜂"共4艘大型航母，日本人损失了"赤城""加贺""苍龙""飞龙"4艘大型航母和"祥凤""龙骧"2艘轻型航母。美国人看起来领先。但考虑到日军的2艘轻型航母并未参与舰队作战，而是支援登陆船队时被美国人"牛刀杀鸡"，美国人的"黄蜂"号也是被日军潜艇击沉的，双方在舰队交战中的战果实际上是 4∶3，美军略占上风。

但双方取得这些成绩的过程却是大不一样。日本人损失的 4 艘大型航母是在中途岛海战时被"一次性"击沉的，在其余 3 场战役中都没有舰队航母被击沉（但倒霉的"翔鹤"号航母被 2 次击伤）。反观美军，他们在珊瑚海、中途岛、圣克鲁兹三场会战中都有航母被击沉，但却没有发生那种被"一锅端"的情况。这样，若以单场战役的战术胜负计算，美军大胜 1 场（中途岛），败 2 场（珊瑚海和圣克鲁兹），平 1 场（东所罗门），居于下风。

为什么两军的战斗结果竟是天差地别呢？让我们从双方战术上找找原因吧。

客观地说，1942 年时美国航母部队的进攻能力实在不咋的。实际上除了中途岛那次误打误撞的"配合"和屠杀 2 艘几乎没像像模像样的舰载机进攻：

在珊瑚海，美军 2 艘航母向"翔鹤""瑞鹤"共出动了 75 架舰载机发动进攻，但这些飞机却没有统一编队，而是在从 60 米到 6000 米的不同高度上稀稀拉拉地各自飞向目标。其 5 支轰炸或鱼雷中队中的 4 支分为四群分头展开进攻，让日军的防空力量可以轻松地集中攻击每一支美军机群，"列克星敦"号的 VB-2 则干脆没有找到目标。

在圣克鲁兹，美军的鱼雷机和俯冲轰炸机倒是没有散开，但 75 架攻击机还是分成了 3 群，而且其中只有"大黄蜂"号的第一攻击波找到了日本航母（其中还有 6 架鱼雷机飞丢了），其他 2 波机群只是攻击了日军的前卫巡洋舰分队。

在东所罗门，美国人甚至没有找到机会向日军航母部队主力发起进攻！

至于美军在中途岛那次看似天衣无缝的空袭，除了运气之外再没有什么好解释的了——别忘了，在中途岛，"大黄蜂"号还有 2 支俯冲轰炸机中队根本没能找到目标。

不仅如此，在所有对日军航母主力发动的进攻中，美军的鱼雷机每次都是一无所获而且损失惨重。

如此软弱无力的攻击，也难怪他们打不沉 1 艘日军主力航母。

反过来，1942 年日本海军航母机动部队的攻击能力却是相当了得。

日军机动部队极其优秀的进攻组织能力在美日开战第一天便展现得淋漓尽致：日军所有 6 艘舰队航母向美国太平洋舰队主力发出了 2 个攻击波：第一攻击波包括 43 架战斗机、81 架俯冲轰炸机和 89 架舰攻；第二攻击波包括 40 架战斗机、80 架俯冲轰炸机和 50 架执行水平攻击任务的攻击机。与美军零零散散的攻击不同，日本人可以熟练地将来自多艘航母，性能各异的多种飞机组织成统一协调的大机群，其攻击方向和时间的把握也十分准确。在日军的凌厉打击之下，美国海军18艘军舰或沉或伤，包括5艘战列舰沉没或搁浅，3艘被击伤。岛上的394架美军飞机中，188架飞机被击毁，159架被击伤。日军在战争第一天表现出来的舰载机组织能力，美国人直到1944年6月的马里亚纳海战时才赶上。

除了优秀的组织能力之外，日军舰载机本身的攻击力也是无与伦比。俯冲轰炸机方面，俯冲稳定性优越的99舰爆在熟练飞行员的驾驭下创下了在整个战争中都不曾被超越的攻舰命中率——他们在印度洋轰炸英军巡洋舰时的命中率居然高达82%！鱼雷机方面，先进的97舰攻与强悍的91式空投鱼雷相结合，更是成了1942年太平洋战场上的一件利器——这一年中，凡是被日军空投鱼雷击中的美军航母，都没能逃脱沉没的命运（当然不全是鱼雷的功劳，但鱼雷却很容易打瘫当时的美军航母，从而为后续的反复攻击创造条件）。如果说美国人凭借着SBD"无畏"式轰炸机的坚固机体和大载弹重量还能在俯冲轰炸机方面维持一定优势的话，那么日本海航鱼雷攻击的威力则足令美国人望尘莫及。

1942年时的日军舰载机飞行员绝对堪称精锐。在中途岛战役"飞龙"号最后的绝望反击中，他们甚至可以凭借着仅仅十余架攻击机和几架护航战斗机的兵力2次突破美军已经初步成型的防空网重创美军航母！

如此各种优势结合在一起，日军机动部队便具备了令人惊叹的突防攻击力。在圣克鲁兹，美国人拉起了一张在当时已可算是前所未有的防空体系，但日军舰载机部队硬是凭着优秀的机群协同和卓越而勇猛的飞行员，拼着巨大的牺牲冲破了层层阻截，击沉了"大黄蜂"，重创"企业"。

美国海军航母部队的攻击能力，此时还远远不能和日本海军相提并论。

反观防御能力，日军航母机动部队完美兑现了战前关于"航母无法自卫"的断言。

一般印象中，人们总是对中途岛战役中日军防空战斗机全歼美军第8鱼雷中队的战斗津津乐道，但不要忘了，零战机群是在美军已经进入攻击航线时才展开攻击的，而这正是舰队防空的大忌。实际上，除了精锐的零式战斗机之外，日本海军的舰队防空几乎一无所有。在中途岛，美军在战斗当天上午的战斗中仅仅靠着运气组织起了一轮算是比较有协调的空袭，就一举击沉了3艘日军主力航母！在珊瑚海和圣克鲁兹，即便是面对美军稀稀拉拉杂乱无章的攻击队形，日军"翔鹤"号也是两度被美军重击。

由于缺乏雷达，日军根本不可能在美军攻击机群进入攻击航线之前实施拦截。1942年下半年，日军开始在"翔鹤"号航母上试验性安装雷达（21型电探），但其性能还是很不可靠。渊田美津雄在《机动部队》一书关于圣克鲁兹战役的章节中回忆道："这时接到了报告，雷达捕捉到了东方的可能是敌机的目标……两三分钟后，观测所也传来消息说发现了小型机似的编队。这可能就是方才雷达捕捉到的目标。"看来，在1942年时，日军雷达比目视观察哨的优势

▲ 21型电探，日军第一种实际装备的雷达。虽然理论性能不算差，但由于可靠性问题，它在1942年几乎还不具备实战能力。图为"瑞鹤"号航母舰岛顶上的21型电探。

仅有2—3分钟而已，这点时间最多只够航母疏散甲板上的攻击机，而不可能像美国人那样有将近半小时的时间来组织防空作战。日军雷达的作用此时还并不显著，更何况，雷达此时已经成了美军所有巡洋舰以上舰艇的标准装备，而对于日军而言这还只是个试验品。

日军也没有有效的高炮。日军127毫米和100毫米高炮的射程和威力并不逊色，但由于没有火控雷达的指挥和高效的新型VT引信，这些大口径高炮只能采取弹幕射击方式作战，实际作战效能根本不可能与美军同类武器相提并论。日军的中距离防空几乎是一片空白（美军中执行这一任务的是40毫米博福斯高炮），大口径高炮的低射速无法应付即将发动进攻的攻击机，小口径的25毫米高炮的射程也不足以在敌机投弹前击落之。即使是在近距离上，日军96式25毫米高炮也是一种毛病成堆的武器，日本炮手都知道，这种炮回旋和俯仰速度太慢，难以对付近距离高速目标；它的瞄准视野狭小，也不易追踪高速敌机；这种炮射击时的震动和炮口焰都很大，而且弹匣容量太小，难以持续射击。最要命的是，它重量只有250克左右的炮弹即使击中目标，也很不容易让美国人那些结实的"无畏"和"复仇者"掉下来。总而言之，日军高炮对1942年海空战的影响很小，几乎可以忽略。

但反观美军方面，虽然1942年时美军的舰队防空还极度不完善，但"航母无法自卫"的判断却被逐步打破。

在珊瑚海，美军航母的雷达在110公里外就发现了来袭的日军机群，并为舰队提供了20分钟的预警时间。正是利用这段时间，美军放出的17架"野猫"战斗机

和 23 架充作战斗机的"无畏"占据了预定的防空阵位,只是因为战斗机数量过少且性能不足以对抗日军零式战斗机,才在防空战中败下阵来。在中途岛,美国人一样提前发现了前来攻击的 2 批日军机群,这一次,参战的几艘美军航母已经可以在防空战中开展一些配合:"约克城"号在抵挡日军机群时得到了来自远方"企业""大黄蜂"两舰 8 架"野猫"战斗机的支援,更重要的是,在数量上不居于劣势的美军战斗机已经能够击落超过一半的日军攻击机了。

美国人很快捕捉住了这一新变化。珊瑚海战役后,他们立即扩编了舰载战斗中队的规模——从 18 架增加到 27 架。如何利用雷达带来的几十分钟的预警时间也成了一个重要的课题。美军很快取得了自己想要的进展。在 1942 年下半年的东所罗门和圣克鲁兹 2 次航母会战中,美国海军向世人展示了前所未见的舰队防空能力。

东所罗门海战是美军舰载战斗机的大舞台,参战的 2 艘美军航母在此战中组织起规模达 44 架的防空战斗机群,在距离母舰 50 公里外的 5700 米高空迎头痛击日军攻击机群。在这场以日军进攻美军防守为主的战斗中,美军的战斗机和高射炮击落了多达 64 架来袭日机。更重要的是,美国海军在东所罗门海战中首次成功组织起了作战半径远超目视距离的外围防空网。

▲ 由于进攻组织能力偏弱,美军航母部队在1942年时的攻击力远不如日军机动部队,因此在大部分战斗中都未能击沉日军战力强悍的大型舰队航母。

▲ 美军防空指挥在圣克鲁兹战役中的失败是由很多原因造成的，包括雷达的不可靠、敌我识别困难，以及防空指挥官的缺乏实战经验。此前国内的众多作者普遍将这次失败完全归因于防空指挥官，这也是不妥当的。

▲ 日军航母"瑞鹤"号。诡异的是,日军机动部队的"四大金刚":"赤城""加贺""苍龙""飞龙"只在中途岛一战中与美军航母交手并被全灭,珊瑚海、东所罗门、圣克鲁兹三场战役的日军都是由"翔鹤""瑞鹤"两舰担纲。

▲ 1942年时,美军的"野猫"战斗机在与日军零式战斗机的交战中总体居于下风,但得益于合理的战术,也还能够对抗,并在截击日军攻击机时取得了不小的战果。

▲ 美军的TBD"毁灭者"鱼雷机与日军97舰攻。1942年时日军鱼雷机远胜美军,成了美军航母最致命的杀手;美军鱼雷机则几乎毫无建树(仅仅在进攻日军轻型航母时取得了一些战果)反而损失惨重。

▲ 美军SBD"无畏"俯冲轰炸机和日军99舰爆。和鱼雷机相反，1942年美军在俯冲轰炸机方面占据绝对优势。SBD的蜂窝状机翼结构极其兼顾，挂载的454公斤炸弹威力也远胜日军99舰爆的250公斤炸弹，战斗力极强。美军"无畏"轰炸机包揽了1942年美军对日军舰队航母的全部战果。

◀ 日军航母的近距离防空火力也不好。25毫米高炮射程近，威力小，很难在美机投弹前将其击落。

1942 年 10 月的圣克鲁兹海战中，美军由于雷达和空战指挥方面的缺陷，战斗机未能充分拦截日军进攻，好在作为舰队最后一道防线的高射炮发扬了威力，与战斗机一起歼灭了大部分来袭日机。虽然美军"大黄蜂"号殒于此战，但圣克鲁兹也成了咄咄逼人的日军的进攻顶点。

最终，美国海军在 1942 年太平洋海空战中"顶"住了日本舰载航空兵极度凶猛的攻击，虽然也遭到了惨重的损失，但总能保存一部分实力，而且几乎拼光了日军舰载航空兵的精锐。关于"航母无法自保"的定论已经在这一年的战斗中被打开了一个大口子。1942 年的四场航母大会战中，美国人付出了三艘大型航母被击沉的巨额"学费"，换来了雷达防空作战的丰富经验。现在，新的变革即将来临，1943 年，到了让这些经验"变现"的时候了。

大型特混舰队的横空出世

美国人对 1942 年最痛的感受是单航母特混舰队的实力太弱，进攻时不容易摧毁防御严密的日军主力航母舰队，防御时即使在远距离就发现敌机，也因为战斗机数量不够而难以彻底拦截。然而集中的多航母编队容易被敌方一次性发现并打击的问题依然存在。那么，航母在作战时到底是分还是合？这是所有问题的关键。作为太平洋舰队的掌门人，尼米兹上将对此深有感触。他一直试图根据 1942 年的战斗经验修订航母作战条令和战术，他指定太平洋舰队航空兵总监约翰·托尔斯中将来牵头实施此项工作。托尔斯是航空先驱，美国海军历史上的第 3 位飞行员。不过这种关乎大军胜败的事情，托尔斯还是要依靠参加过实战的人才能做得好。

谢尔曼少将显然是符合条件的人选。他在珊瑚海战役时任"列克星敦"号航母舰长，后来一直致力于舰队防空战术的探索。在 1943 年 1 月 20 日的日记中，谢尔曼说自己和另一位名将，哈尔西中将对航母战术的理解"完全一致"。然而就在 1943 年 3 月 15 日，致力于推动多航母特混舰队战术的谢尔曼却收到了来自哈尔西的一封信，劝他"回归到航母分散使用的道路上，以应对敌方攻击"。显然，分还是合，不太容易撕得清。

对于这个问题，第一个答案来自 1943 年 1 月 1 日发布的《航母特混舰队标准航行条令》修订版文件：

每一支航母特混编队不应编入超过 2 艘航母。如果有 2 艘航母，则其中 1 艘应负责防空巡逻、侦察等勤务任务，另一艘则应做好准备随时组织"全甲板攻击"。两艘航母应轮换执行勤务和攻击任务。特混舰队内的其他舰艇则应训练至"无须信号就自行跟随勤务航母行动"的地步——勤务航母需要频繁转向迎风航行以放飞飞机。为了尽量减少离开舰队队形的时间，执行勤务任务的航母需要根据风向随时调整自己在舰队队形内的位置。

同一支特混舰队中的多艘航母在遇到或即将遇到空袭时分散行动，每一艘航母在分散时都要带上那些可以在最短时间内形成防空屏护的巡洋舰和驱逐舰。

在这份临时修订版条令中，美军重新明确了特混舰队的编成：

一支航母特混舰队将编入若干艘或更多的航空母舰。在较小型的特混舰队中，每一艘航母及其护航舰艇都可被编组为1支特混大队；在大型特混舰队中，特混大队则可编入多艘航母及其护航舰①。特混舰队设有1名总指挥，以舰队中的某一艘航母作为旗舰；每一支特混大队也设有一名大队指挥官，以本大队内的一艘航母为旗舰。当所有航母集中行动时，特混舰队指挥官将作为战术指挥，统一负责所有单位的行动；当某一支特混大队离开主力单独行动时，大队长则作为战术指挥负责本大队的作战指挥。当预期即将进行空中作战时，特混大队指挥官应在航母上担任航空作战总指挥；而如果战斗将以水面作战为主，则他也应作为战列舰与巡洋舰总指挥负责指挥作战，直到战斗结束。

1943年4月22日发布的《航母特混舰队机动和射击条令》则进一步补充道：

"当编有2艘或更多航母的编队遭到攻击时，各航母必须分散行动。每艘航母都要由事先指定的屏护舰队伴随。"不仅如此，"每一支航母战斗群应当独立负责自身的航空作战和防空指挥……各航母战斗群之间的距离应保持在5—10英里（8—16公里）为宜。"

这实质上仍然是战前的航母作战条令：平时可以2艘航母集中行动，等遇到空袭威胁再分开。只是在各特混大队的防空协同方面做出了一些更可行的改进。

但这些文件的官方身份丝毫不意味着它是所有人的共识。

1943年3月15日，金上将的司令部签发了《战斗经验公报第3期——1942年10月所罗门群岛战斗》。这份官方文件集中分析了圣克鲁兹海空战，并引爆了关

---

① 这里的"多艘"其实指的仅仅是2艘而已。

于航母战术的新一轮争论。

圣克鲁兹海战中的"企业"号舰长奥斯本·B.哈迪逊上校坚持认为，在圣克鲁兹海战中，"企业"号的防空指挥组完全达到了训练要求，但他们的努力却被现实残酷地压倒："空中有38架我方的战斗机，而大群敌机却从不同方向和高度袭来，还有其他友机在一旁添乱，于是防空系统全面崩溃。"言下之意，现在的航母编队实力太弱，无法自保。

然而，在同一场战斗中指挥TF17（"大黄蜂"号特混舰队）的乔治·穆雷少将观点则与哈迪逊截然相反："不能指望一支特混舰队的防空战斗机队能像和本队的防空指挥一样与其他舰队的防空指挥密切合作与协同。由于长期共事，特混舰队内防空指挥组和防空战斗机之间的合作是亲密无间的，但当防空战斗机由另一支部队来指挥，则这种高效率就会大幅丧失。"托尔斯中将也支持单航母作战，但他的理由看起来更简单："战争学院、海军部、舰队里已经有数千页纸的文件来探讨航母的分散和集中。……现在再来继续争论这个老大难问题是没有意义的。"他们更青睐1943年1月1日文件中的战术原则：平时两艘航母集中编组，一旦敌方空袭迫近则分散开来，空袭结束后再重新集中。

哈尔西则直接纠结战场的具体细节上：他认为圣克鲁兹海战中"企业"和"大黄蜂"两舰的距离选择是十分糟糕的，"太远，无法相互协同；又不够远，无法分散敌方攻击力量……由于距离过远，航母之间的通信崩溃，防空指挥也失去了作用。"

经此一番争论，到1943年中期，一支航母编队应当编入2艘大型航母的观点基本成为共识，否则一艘航母力量太弱，无论是攻击还是防御都捏不成拳头。那么问题来了，2艘航母中哪一艘负责本队防空呢？正如穆雷将军所言，航母的防空指挥组和本舰的战斗机配合最默契，一旦跨母舰合作，效率就会大大降低。这一观点也同样广为认可。而如果真的如东所罗门海战后"萨拉托加"号舰长提议的那样把2艘航母中的1艘全部用来执行防空任务，那么舰队的攻击力显然会大幅度下降，这也是不可接受的。

恰在此左右为难之时，解决方案适时出现：用"克利夫兰"级巡洋舰舰体改造而来的"独立"级轻型航母服役了。这种载机量仅有40架，基本不具备"全甲板攻击"能力的轻型航母，不正是"专职防空航母"的最佳选择吗？若是为每一支编有2艘大型舰队航母的编队配备1艘专司防空的轻型航母，那就可以极大保障舰队的防空实力，同时也不会影响大型航母的"全甲板攻击"。这个设想立刻得到了近乎一致的拍手叫好。1943 年 7 月，美国海军司令金上将签署文件，正式要求为美军每 2 艘大型航母配备 1 艘轻型航母，甚至还专门规定要保证轻型航母的数量达到 9 艘。只是，这些轻型航母的建造速度实在太快，1943 年还没过完，9 艘"独立"级就全部建成，此时美军的大型舰队航母总共才只有 9 艘（7 艘新建成的"埃塞克斯"级，以及"企业""萨拉托加"两艘老舰），美国人倒是想让大型航母和轻型航母 2:1 配置，可哪有那么多大型航母来凑数呢？如此，2:1 的配置比例便顺理成章地改成了 2:2。海面上终于出现了四艘美军航母集中在一起的队形。在 1943 年 8 月末空袭马尔库斯岛的战斗中，美军真的为轻型航母全部搭载了战斗机。

但是，这时的美军四航母特混编队虽然有其形却还是无其实。虽然表面上看是四艘航母，但实际上真正充当进攻力量的还是只有两艘大型舰队航母，攻击力并不比中途岛海战时"企业""大黄蜂"两舰组成的 TF16 强多少。2 艘轻型航母只是用来强化舰队防空的"保镖"而已。

就在这时，一场变革改变了一切。

1943 年 3 月，曾在珊瑚海战役中任"列克星敦"号舰长的谢尔曼少将和他的参谋长赫伯特·S.达克沃斯上校、"企业"号飞行长罗伯特·迪克逊中校一起组织一场演习，来检验航母应该如何作战。当他们乘"企业"号来到珍珠港时，他们看到了崭新的新一代航母首舰"埃塞克斯"号。随后不久，"埃塞克斯"级"约克城"号、"列克星敦"号加入了太平洋舰队，曾在 1942 年与谢尔曼少将生离死别的这两位"老兄弟"仿佛又回来了，而且比之前更加强大！看到这两艘新舰时谢尔曼的心情如何？作为一年前珊瑚海战役的主角，他会不会老泪纵横？同一时期，3 艘新的"独立"级轻型航母也服役了。现在，谢尔曼、达克沃斯，还有站在他们身后的托尔斯中将有了足够的航母和飞机来进行这场革命性的实验了。新型航母本身也带来了新装备：防空指挥专用的四频道甚高频无线电、带有 PPI 显示器的新型 SK 对空搜索雷达、专门设计的 CIC，新型 SG 对海搜索雷达以及随之而来的夜间和浓雾中操舰的新技术，解决了防空指挥中最大难题的测高雷达，足以在机动性上克制零战，火力和防护则占据绝对优势的新型战斗机 F6F"地狱猫"，同样重要的还有已经普及到所有飞机上的敌我识别器。

作为多航母集中战术的铁杆粉，谢尔曼想要证明的目标很明确：穆雷提出的关于"跨航母协同会导致效率大幅下降"的困难是可以克服的。多艘航母并肩航行，并不影响各自收放舰载航空大队。只要能够拟定标准化的战术条令，就能使多艘航母有效整合成强有力的拳头。

关于谢尔曼演习的过程，笔者暂时没有找到资料，但结果很清楚，那是一场革命。

1943 年 4 月 13 日，尼米兹上将专门指派了一个三人小组，任务正是重写年初的《航母特混舰队标准航行说明》，谢尔曼少将的试验结果则是他们最鲜活的依据。三人小组中有一位曾是圣克鲁兹海战中"大黄蜂"号的主任参谋，阿波罗·苏塞克上校，他和他的同伴们认为自己的研究范围"应该扩展到对所有的太平洋舰队战术公报、大量的舰队评估文件进行彻底分析"——他们在 5 月 18 日写给尼米兹上将的信中提到了这一点。于是，他们的工作成果成了《太平洋舰队战术命令和条令》，文件编号为 PAC-10。

PAC-10 文件是一次彻底的变革。它整合了美国海军当时所有的战术文件、战术公报、特混舰队战术资料、战场条令，汇集成一份条令性文档，并适用于整个美国海军舰队。文件的目标在于"让那些类型各异，不熟悉条令，而且在不同指挥官麾下的部队，只需简单阅读就可以在与敌交战时协调行动，而不必进行耗时费力的专门培训。"PAC-10 涵盖了包括单航母特混舰队、多航母特混舰队、支援登陆的护航航母或轻型航母舰队等，这就实现了海军全兵种的大协同，包括战列舰和航空母舰。

文件充分利用了已经成熟的防空指挥技术和装备。现在，防空指挥官已经能够对所有探测到的目标保持持续跟踪，评估其威胁，向"即将遭受攻击"的友舰发出警报，并有效掌控防空战斗机的数量和位置。托那些大型航母上众多新型雷达的福，对敌机的有效拦截已经不再是梦想。现在，太平洋舰队所有的舰载机中队都已经熟悉该怎样在防空指挥官的引导下遂行航母舰队防空作战了。如 PAC-10 文件所写：
"随着舰队编制的快速变化，新上舰的航空兵部队必须能够根据已有的训练快速融入部队执行任务，而无须再接受大量个性化的培训。"显然，标准化的指挥体系，标准化的训练成了大编队作战的基石，之前关于"熟悉的防空指挥官和战斗机中队合作起来更有效"的局限已经被打破。

PAC-10 解决了两个大问题。首先是创建了一套统一、普遍适用的条令体系，使得军舰可以在各舰队间方便地调动。其次则是将先前面向小型编队的战术条令扩大到了全舰队层面，使得指挥官可以更有效地指挥各种规模的舰队，尤其是快速机动的航母特混舰队。

PAC-10 条令消除了"独立"级"专用防空舰"概念的基础。这组条令实施之后，战场上的美国海军航母司令们忽然发现，自己可以和指挥本舰战斗机一样方便地指

∧ 入港维修的"新墨西哥"级战列舰"密西西比"号。二战期间，美军各型老式战舰都加装了雷达和战情中心，以满足防空指挥的需要。

^ 防空指挥官（Fighter Director Officer），直译为战斗机引导官。但由于他们主要负责舰队防空而非进攻作战中的战斗机指挥，而且他们对防空战斗机拥有明确指挥权而不仅仅是引导，故本文将其翻译为"防空指挥官"以求更准确地表达这个职位的任务。

^ 航行中的美军航母特混舰队。随着舰队规模日益庞大，各特混大队、各战斗机中队在防空作战中的协调问题就日益重要，既要合理分配应对不同目标，更不能留下可能被敌人偷袭的空子。因此，舰队防空指挥官的任务就是协调各大队防空指挥官的行动，具体指挥则由各大队负责。

▲ 经过1942年的战斗，小型航母编队除了攻击力不足外，防空能力不足的问题也显露出来，"即使发现敌人也拦不住"。加之雷达防空指挥已经崭露头角，多航母集中编队的思路开始在美国海军中蔓延开来，传统的"全甲板攻击"战术思想即将嬗变。

挥来自其他航母的战斗机了！不仅如此，甚至连驱逐舰都能够方便地指挥自己头顶上的战斗机。既然如此，那又何必把特混编队中的2艘轻型航母排除在舰队进攻能力之外呢？自然，早期的几次尝试之后，美国人放弃了将"独立"级轻型航母用作专业防空舰的打算，但两大两小四艘航母的特混编队却在已经能够有效协同多艘航母的进攻与防御作战的美国太平洋舰队中扎下了根。直到这时，"独立"级轻型航母才真正从"特种专用舰艇"转变成了"半艘舰队航母"，美国海军实力强大的四航母特混编队才真正实现。

至于大型航母编队容易被发现的问题，现在美国人已经有了充分的信心，依靠雷达和实力强大、协同有力的防空战斗机群，自己的舰队势必坚不可摧。

"全甲板攻击"的升华

随着舰队战术思想和实力的变化，美国海军舰载机部队的战术也发生了脱胎换骨的变化。

▲ "独立"级轻型航母。美国太平洋舰队原本打算为每支由2艘大型航母组成的编队配备1艘轻型航母专司防空，后来由于轻型航母建造速度快而变成了2艘大型航母+2艘轻型航母。随着PAC-10的实施，"专职防空舰"也失去了必要性。于是太平洋战争后期美军四航母特混大队由此成型。

1944年5月，米切尔中将签发了《特混舰队特殊行动指南》文件（编号为快速航母TFI-1），并且特地注明，TFI-1是USF-10（A）文件的补充而非替代——USF-10（A）实质就是推广到整个美国海军的PAC-10战术条令。TFI-1预设的前提是，美国海军多航母特混舰队的作战样式即将包括"沉重打击敌人的主要基地……随后便是两栖战部队的进攻和占领。"对于这种战役形式，TFI-1提出的战术样式后来被证明是正确的："全面夺取制空权之后，攻击机将被用于支援进攻作战。……无论哪种作战形式，特混舰队的航空作战计划将引导多个攻击机群协同行动，以求向主要目标发起最大限度的打击，并确保攻击行动的有序和持续。实现这一点，最好的方法是**将每一艘航母上的航空大队大致均分为两波，每一波都可以全部排列在飞行甲板上，一次性出击组成一个完整的攻击机群。**"这是一个极为重要的战术安排，它借鉴了二战初期日军多航母特混舰队的舰载机组织模式，使得多艘航母的战斗力得以集中发挥。

TFI-1对特混大队离开主力航向收发攻击波时面临的风险也提出了解决方案：由于特混大队转向迎风航行时经常会和友军失去目视联系，因此要求每一支特混大队都要拥有独立的防空指挥能力，并担负本大队的防空任务。如TFI-1所言："除非偶尔需要特混舰队直接指挥外，每支特混大队都要独立承担自己的防空指挥。"当然，这并不意味着舰队的防空指挥官就会无所事事，如果没有他的协调和任务分配，各个大队的防空指挥部门就会很容易引导自己的战斗机前去截击来自其他大队的友军机群。

至此，美国海军太平洋舰队以"2大+2小"四艘航母为核心组成航母特混大队，多个大队宜分宜合，共同组成特混舰队的航母舰队组织形式正式成型。它正式标志着战前追求单航母最大限度打击力的"全甲板攻击"让位给了追求多航母舰队持续有效攻击的"半甲板攻击"。"全甲板攻击"思想从此完成了她的历史使命，美国海军则在通往全球霸权的路上大大迈进了一步。

二战美军舰载机的导航技术

这种"在敌方航母降落"的错误，美国飞行员一般不会犯，因为他们的飞机上都装有一套代号为"ZB"的无线电接收机，专用于配合航母上的"YE"导航天线。这种不停旋转的 YE 天线与军舰的电罗经相连，将360° 区域划分为 12 个 30° 的扇区，用莫尔斯电码向不同扇区发送不同的字母。飞行员只要收到 YE 天线发出的字母，再结合导航图上提供的字母串扇区规则，就可以判断出自己在航母的哪个方位。日军方面，大部分鱼雷机和轰炸机也都装有同类设备，只有战斗机为了减轻重量而没装。不过从珊瑚海战役的这个插曲来看，日军的导航设备应该很不稳定，据日本飞行员的说法，美军的无线电通信干扰了他们的导航设备。

▲ 图中红圈处即为美国海军的"YE"导航天线。正是由于日军在导航方面的落后，才导致了返航机群在美国航母上降落的闹剧。

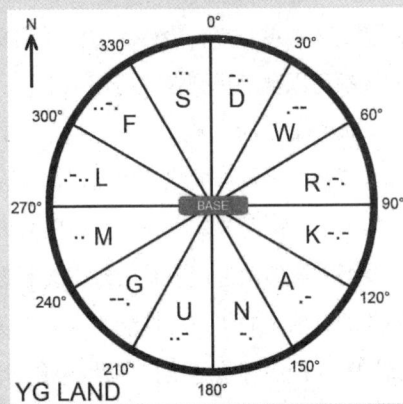

▲ "YE"导航天线的原理图：天线向不同方位发送不同的字母，飞行员只要根据这张图就可以判断出自己与航母的相对方位。

二战期间美国海军飞行员的训练

　　美国海军的飞行员来自 3 个渠道。虽然进入海军航空兵的途径不同，但所有人几乎都是热爱航空的年轻人，之所以选择了海军而非陆军，许多人是为了随着游走四海的舰队环游世界，还有些人则是为了寻求在军舰或大海上起降飞机的刺激。

　　第一个渠道是海军学院毕业生，所有军衔比较高的飞行员均来源于此。军校毕业时，这些新军官都会随舰队进行第一次远航，服役 2 年后，这些海军军官便可申请改行成为飞行员。这一流程固然会使许多原本具备飞行天赋的人由于不愿意从新学员重新干起而无从飞上蓝天，但在 20 世纪 20—30 年代之间，不断壮大的美国海军航空兵仍然通过这一渠道源源不断地获得新鲜血液的加入。对于中低级军官来说，更快的提升和拥有指挥权是一个最大的诱惑。根据美国海军的规定，只有飞行员才能担任航空母舰、水上飞机母舰舰长和海军航空站的指挥官。

　　第二个来源是始于 1935 年的海军航空候补生制度。所有大学毕业生均可报名参加，通过后参与者将接受 800 小时的飞行训练和地面培训，再以候补生的名义随舰服役 2 年，之后便可成为航空兵少尉，获得飞行资格。此举大大扩大了飞行员的来源范围，但由于这些候补生在正式服役时的军衔必定低于那些已经以军官身份在海军中服役了 2 年的军校生，这一政策吸引来的飞行员并没有预期的那么多。为了增强吸引力，吸引更多人加入海航，美国海军于 1939 年将这些候补生重新定位为预备役军官。

　　1938 年，美国海军和海军陆战队飞行员总数只有大约 1800 人，由此可见，这一时期的美国海军和日本海军一样，对飞行员也是精挑细选。不过随着战争的临近，美国海军开始竭力扩大自己的飞行员队伍。这些新入行的飞行员绝大多数来自海军航空候补生——这一美国海军特有的人员储备方式此时展现了威力。此外，美国海军还开始将一部分条件良好的士兵也培养成为飞行员。

虽然美国海军高层对此方式并不看好，但它却能为美军带来不少具有实践经验的飞行员。到1941年12月，这些士兵飞行员占到了美国海军和陆战队飞行员总数的13%。

美国海军飞行员的训练时间起初为1年。1939年10月，这一周期被缩短为7个月，其中包括大约207小时的飞行训练。训练周期的缩短不会对教习带来太大影响，但一些诸如航母起降、射击和投弹、战术之类的高级课程就只有放到部队里去"补课"了。不过从1941年7月起，美国海军专门成立了2支训练大队，专用于为这些"菜鸟"飞行员补课，这样就把各一线部队担负的人员训练职责给承担了起来。不过在战争的最初几个月，由于搞不到专门的训练航母，这些训练大队还无法真正将飞行学员们真正培养成熟，所以有些技术还是只能留给部队去培养。

1942年年初，美国海军飞行员队伍中虽然不乏老手，但大部分人都是在1940年的大扩军计划之后才入伍的。例如在中途岛海战的三支美军空战队中，只有22%的人是飞行时间超过3500小时的真正高手，62%的人都是1941年入伍的新兵，不过这些人也都有300—600小时的飞行经验。总而言之，1942年的美国海军航母飞行员虽然鲜有实战经验，但训练水平还是比较好的，对于在起伏摇摆的航母甲板上的艰难起降也是游刃有余。他们是美国海航的刀锋。

1942年的日本海军飞行员

与美国海军不同，日本海军的绝大部分飞行员都是士兵。在1940年1月时的3500名日本海军飞行员中，军官只占10%，他们大多是日本海军学院的毕业生。不过在那些刚服役的军官中，除了少数航空爱好者之外，大部分人对于转行当飞行员并没有什么兴趣，因为飞行员资格对于他们的提升并没有任何帮助——即使是航空母舰的舰长也可以由毫无飞行经验的人担任。这样，大部分飞行军官都是由士兵提拔而来，或是候补军官（大学毕业生）。

士兵飞行员的选拔标准非常高，这些人将成为航母飞行队的骨干。士兵飞行员主要有2个来源。一是从舰队水兵中选拔少数人成为飞行员。这是日本人一直以来的通行做法。选拔标准非常高，例如1937年报名参加飞行员训练的1500名水兵中，只有70人最终通过初选，真正完成训练的竟然只有25人！许多人之所以被刷掉，并非因为飞行水平差，而是因为无法承受巨大的训练压力。这一做法从1920年就开始了，直到1933年之前都是每年培训2期，每期20—40人，之后直到1940年改为每年培训6期。1930年开始，日本海军又开始选拔15—17岁的青少年直接进行飞行员培训。选拔标准同样严格，20000名报名者中最后只剩下200人的情况屡见不鲜，可谓是真正的百里挑一。

1941年之前，日本海军飞行员航校训练周期是1年，之后缩短为10个月。最初是2—3个月，飞行时间44小时的初级训练，之后是5个月，飞行时间60小时的中级训练，最后是5—6个月的实战训练——具体时间根据驾驶的机型而定。航校训练结束后，士兵飞行员一般都会达到250飞行小时，军官飞行员由于登机的机会更多些，飞行时长可达400小时。

航校毕业后，飞行员们还要经历所谓的"联合飞行训练"阶段。这一阶段从飞行员分配到部队开始，持续一年，他们将在这里学会各种空战和空中攻击技巧。训练期间这些飞行员不会参加实战，但一旦训练结束，这些人就会具备相当高的训练水平。在时间充裕的情况下，这一体系将为日本海军提供具有相当水平的新飞行员，但万一战事吃紧或作战部队飞行员损失惨重，那么这些新飞行员也就难以在老兵带领下进行"联合训练"了。这也就解释了日本海航在 1942 年年初的那批精锐部队为何昙花一现——新兵无法快速上手，老手又损失惨重，于是日本海军航空母舰的飞行甲板上便出现了可怕的断档。

拜极其严格的筛选和训练所赐，1942 年年初的日本海军拥有世界上最精锐的航母飞行员队伍。在中国的持续战斗和太平洋战争初期几乎不间断的东征西讨又让大部分飞行员拥有了丰富的实战经验。中途岛海战前，日本航母上飞行老手相当多，70% 的俯冲轰炸机飞行员和 85% 的鱼雷机飞行员都是从珍珠港起就始终随舰作战的老兵。

日本人的武士道精神也在一定程度上强化了飞行员们的战斗力。这帮家伙从小就"被"认定了日本人从来不会在对外战争中失败，日本的国土也享受着天照大神的庇佑，他们对战争胜利的信仰几乎牢不可破。当然这都是空想，但对于一群很快就会战死的人而言，这些东西究竟是不是空想其实根本就无关紧要，这种基于盲从之上的"执行力"确实成了战斗力的一部分。战争初期这批日军飞行员的优秀水平很快就得到了对手的认可，尤其是在战争后期那帮训练水平极差的后辈们的衬托之下。那些在战前或战争初期接受了完整飞行训练的日本飞行员大多战技纯熟，充满攻击性，而且能够忍受战争中的各种艰难困苦。

1942 年初期的日本飞行员堪称精锐。

"悍妇"出击：
美军潜艇在日本海的冒险行动

作者
于力

扰乱神经的噪音搅动着潜艇里的安宁。这种声音不像下潜警报，也不像被艇员们称为"地狱钟声"（Hell's Bells）的声音。每当船上的调频声呐仪发出发现水雷的提示音，都会令"溜冰"号潜艇（USS Skate，编号SS-305）上的每名乘员不寒而栗。"溜冰"号这次要与其他8艘美军潜艇一起去执行一项危险的任务，这是一场复仇之战。

两年前的1943年10月，"刺鲅"号潜艇（USS Wahoo，编号SS-238）在日本海上巡航时被日军反潜部队击沉，舰上人员全体阵亡。这其中就包括该舰的指挥官——美国海军的传奇人物戴德利·W. "马什"·莫顿（Dudley W. 'Mush' Morton）。"刺鲅"号的损失让美军太平洋舰队潜艇部队的指挥官查尔斯·A. 洛克伍德海军中将（Vice Admiral Charles A. Lockwood）崩溃，"这是我们遭到的最严重的打击"，他在日记中写道，"我的心都碎了，愿上帝惩罚日本人"。对洛克伍德来说，莫顿承载着他"水下勇士"的梦想，"他有着强大的作战欲望，他是一名杀人如麻的战士，他属于冷血种族"，洛克伍德心里"每时每刻都在打算报仇"。在"刺鲅"号沉没差不多两年后，这一天终于到来。美国海军派出了由9艘潜艇组成的、代号为"悍妇"（Hellcats）的编队，准备穿过布满水雷的对马海峡，前去摧毁在日本海航行的日本船只。

莫顿和"刺鲅号"的传奇

戴德利·W. "马什"·莫顿生于1907年，1930年从海军军官学校毕业。因为他的方下巴和突出的大嘴巴，得到了一个"马什"（Mush）的绰号。

战争爆发前，他曾在多艘水面舰船和潜艇上服役。1942年5月，他被任命为"海豚"号（USS Dolphin，编号SS-169）的指挥官。该舰当时正好被送到珍珠港大修，他便一直作为"刺鲅"号的后备指挥官随舰参加战斗。1942年12月31日，莫顿被任命为"刺鲅"号的指挥官。1943年的1月26日到10月11日期间，他共指挥"刺鲅"号执行了5次战斗巡航，宣称击沉了19艘货船与运输船，总吨位55000吨。在莫顿指挥的这五次战斗巡航中，最为著名的当属该舰在1943年1月至2月执行的第三次作战巡航。

1943年1月16日，"刺鲅"号从摩顿湾（Moreton Bay）出发。按照计划，该舰要通过勇士号海峡（Vitiaz Strait），在威瓦克岛（Wewak）附近海域执行侦察任务。1月24日，"刺鲅"号到达卡瑞鲁岛（Kairiru Island）以北地区，向维多利亚湾（Victoria Bay）行驶。此时，莫顿发现了正在附近行驶的日本"春名"号（Harusame）驱逐舰。"刺鲅"号在距离"春名"号1100米处对正在移动的"春名"号发射了3枚鱼雷，但都没能命中。很快，"刺鲅"号又发射出第四枚。"春名"号调转船头成功避开了鱼雷，又转了270度的圈，向"刺鲅"号冲来，试图撞沉它。在距离"春名"号730米的地方，"刺鲅"号发射了第五枚鱼雷，这枚鱼雷击中了"春名"的船腹部，并"击穿了它的后部"。

莫顿在他的作战日记中写道："看得出，舰长在看到我们的潜艇发出最后一枚鱼雷时，已经完全失去了勇气。他们将船舵转向，试图躲开鱼雷，却恰巧将该船的侧面暴露在鱼雷面前，这等于宣告了它的死刑。""春名"号的爆炸"非常完美"。"刺鲅"号在完成这次进攻后，便成功逃走。莫顿认为"春名"号被击沉了，但参照日方记录，"春名"号只是受了重伤。很快，它就被拖回港口，进行修复。

1943年2月7日，"刺鲅"号返回珍珠港，结束了历时23天的巡航任务。由于在这次巡航任务中，"刺鲅"号共宣称击沉了包括"春名"号在内的8艘日方船只，莫顿决定在进入珍珠港前以在舰上安放装饰物的方式，来庆祝胜利。他命令船员用扫把清扫潜艇的潜望镜，并在潜艇的信号索上悬挂8面日本国旗，来代表他们击沉的8艘日本船只。

1943年2—5月，"刺鲅"号还进行了两次战斗巡航。在这两次巡航中，"刺鲅"号共宣称击沉了9艘日方船只，击伤了2艘。击沉的船只中包括在1943年5月4日宣称击沉的一艘排水量为15000吨的水上飞机母舰——"神川丸"（Kamikawa Maru）。[①]

"刺鲅"的三次成功巡航用光了好运。在1943年8月13日到8月29日于日本海进行的第六次战斗巡航中，"刺鲅"号共发射了9枚鱼雷，但是没有击沉或击伤任何一个目标。莫顿只能把怒火发泄到偶尔碰上的几艘日本渔船上，把船上的日本渔民当成战俘抓了回来。

返回基地后，莫顿反复请求重返日本海，一雪前耻。很快，他的请求就得到了批准。保险起见，莫顿在"刺鲅"号上装备了新运到的Mark 18型电动鱼雷，以替代原来装备的Mark 14型蒸汽鱼雷——在上次巡航失败后，莫顿就向上级报告过该型鱼雷存在缺陷。

---

① 事实上，"神川丸"号只是被"刺鲅"号所发出的鱼雷击中，但并未沉没。直到1943年5月29日，才被美军的"流氓"号（USS Scamp，编号SS-277）用鱼雷击沉。

1943 年 9 月，"刺鲅"号从珍珠港起航。9 月 13 日，"刺鲅"号到达中途岛，在补充燃料与补给之后，驶向日本海最北方的宗古海峡（Soya Strait）[1]。"刺鲅"号计划通过宗古海峡进入日本海，10 月 21 日日落之后，"刺鲅"号将返回基地。

▲ 戴德利·W. "马什"·莫顿，他在9个月内击沉了19艘日军船只。

▲ 1943年2月7日，莫顿与他的参谋长理查德·奥康纳在"刺鲅"号的船桥上交谈。

在 10 月的第一个星期里，有记录表明莫顿击沉了 4 艘日方船只，总吨位达到 13000 吨。但是战场上风云突变，10 月 21 日，"刺鲅"号并没有按原定计划返回。直到 10 月 23 日，设在中途岛的基地也没有收到"刺鲅"号的任何消息。10 月 30 日，美军派出水面飞机对相关海域进行搜索，依旧一无所获。11 月 9 日，军方正式宣布"刺鲅"号失踪。正在紧张搜索的美军不知道，他们翘首以盼的"刺鲅"号已在 10 月 11 日沉没。直到战后比对日、美双方残存的作战记录，"刺鲅"号沉没前后的经历才得以还原。

10 月 11 日 09:20，日军反潜部队在日本海北部地区的宗古海峡附近发现了一艘身份不明的潜艇，潜艇在穿过海峡的时候还拖着一条水面浮油。日军据此判断，这是一艘试图通过宗古海峡逃往外海的受损潜艇。两日前，美军潜艇"锯鳎"号（USS Sawfish，编号 SS-276）刚从宗古海峡逃走，因而日军反潜部队对这艘来路不明的潜艇格外重视。他们立即派出了 6 架飞机、5 艘舰船驶往可疑潜艇所在的水域。在接下来的 8 个小

---

[1] 又名"拉彼鲁兹海峡"（La Pérouse Strait）。

时里，日军共投放了69枚深水炸弹、40枚航空炸弹。第二天下午，日军反潜部队返回基地，报告显示他们击沉了一艘美军潜艇。对照美方的记录，这艘潜艇正是"刺鲅"号。

"刺鲅"号沉没的原因在战后看来很清楚，在战时却因信息不对称，而众说纷纭。有一种说法认为"刺鲅"号是被深水炸弹炸沉的，还有一种说法认为该艇是被自己发射的鱼雷炸沉的。

"刺鲅"号上共计85名乘员全部阵亡，包括指挥官莫顿在内。美国海军的潜艇部队承受了重大损失。

▲ 莫顿站在地图前演示"刺鲅"号的巡航路线。

突入日本海的计划

1943年2月，洛克伍德少将被任命为太平洋舰队潜艇部队的指挥官。作为一名有着丰富作战经验的潜艇指挥官，洛克伍德少将从上任开始，就和他的作战参谋里查德·沃格尔（Richard Voge）一起，研究如何让美军的潜艇到达日本近海，袭击日本的商船。很快，他们就制定出了一个进入日本海的计划。

▲ 1942年1月27日，"刺鲅"号的控制室。此时"刺鲅"号正在作战。

1943年7月初，洛克伍德派遣由"活塞"号（USS Plunger，编号SS-179）、"许可"号（USS Permit，编号SS-178）、"拉布兰"号（USS Lapon，编号SS-260）这三艘潜艇组成的第一批潜艇，从珍珠港出发，前往日本海进行巡航。起航前，美国情报机构为其提供了日军在宗古海峡布下水雷带的情报，希望第一批潜艇核实情报，并记录这片海域的水雷分布情况，供美军潜艇部队日后使用。如果他们能成功进入日本海，还要搜索并利用鱼雷摧毁敌方船只。巡航结束时，三艘潜艇都成功返回基地。虽然战绩寥寥，但突入日本海的计划得到了证实，美军潜艇完全有机会进入日本海狩猎并平安返回。洛克伍德和沃格尔决定进行第二次行动。

1943 年 8 月 8 日，第二次行动开始。执行这次任务的是"活塞"号和马什·莫顿指挥的"刺鲅"号，他们都自愿参加此次任务。此次巡航中，这两艘潜艇都成功穿过宗古海峡，进入了日本海。他们发现日本海上的船只非常多，但他们都碰上了相同的麻烦——艇上装备的鱼雷出现了问题，两船最终一无所获。返回基地后，"活塞"号因为推进器出了问题而退出行动；"刺鲅"号坚持要换装新式鱼雷，重返日本海。洛克伍德同意了莫顿的请求，并给他换上了 Mark 18 型鱼雷。1943 年 9 月初，"刺鲅"号与"锯鳎"号一起离开珍珠港，前往中途岛，开始了它的最后一次航行。

1943 年 10 月 11 日，"刺鲅"号在宗古海峡被日军反潜部队击沉。一同行动的"锯鳎"号虽然安全返航，但也因鱼雷问题，战绩也不好。

"刺鲅"号的沉没对洛克伍德的计划产生了重大影响，他被迫下令暂停了潜艇部队进入日本海的行动。由于当时有人猜测"刺鲅"号是被日军设在宗古海峡的水雷炸沉的，洛克伍德据此认为，重返日本海的美军潜艇不仅需要安装可以识别水雷的特别设备，还要进行相关的训练和准备。

调频声呐的出现与装备

洛克伍德想到了不久前的发现。洛克伍德刚到任后不久，曾请加州大学战争研究部实验室（labs of the University of California Division of War Research）为其研制一种能让潜艇在敌人强大的反潜进攻中存活下来的设备。1943 年 4 月，他曾造访了这家位于圣迭哥（San Diego）的实验室。在实验室提交的备选设备中，有一种被简称为"小型目标检测器"的设备——这就是后来在"巴尼行动"（Operation Barney）中起到关键作用的调频声呐原型机。

调频声呐的工作原理与普通的标准主动式声呐相同：它会发射一种无声的声波，声波在碰到固定的物体后，会产生回声，通过水听器，就可以听到信号的回波。调频声呐的搜索范围并不大（在理想状态下不超过 730 米），其最大的用途就在于侦察水雷。加州大学战争研究部实验室的科学家发现，调频声呐可以定位水面下的物体，例如：海底岩石、潜艇捕捞网、潜艇浮标等等。调频声呐用一种明亮的"梨形"图像来显示水雷，同时发出一种清晰而又尖锐的提示音，船员们称之为"地狱钟声"。训练有素的声呐操作手可以凭声音将鱼群从水雷中区分出来——鱼群的回波是"低沉的"低频信号，水雷的回波是清晰而尖锐的声音。

调频声呐定位水下目标的"弗兰克"能力给洛克伍德留下了深刻的印象，但他和实验室的工作人员都知道，这种尚处于试验阶段的设备还不能被安装在潜艇上。实验室受命继续改进技术，试图让这种设备定位鲸鱼在水下游动的痕迹。1943年9月，在科学家们又一次与洛克伍德会面时，他们已将调频声呐的能力提升到可以区分水雷与鱼群的程度。此时，洛克伍德意识到，这种设备可以令他的潜艇穿过布满重型水雷的水域，重返日本海。

1944年夏末，海军完成了调频声呐侦测水下物体能力的测试。线路故障差点毁了第一次实验，在"恐怖物品陈列室"参与测试的"锹鱼"号（USS Spadefish，编号SS-411）上的声呐操作员尼尔·派克（Neal Pike）报告说，调频发出的声音"就像可怕的咆哮"。之后，技术人员检修了线路，排除了故障。在随后的一系列测试中，测试者认为调频声呐的侦测能力得到了显著改善。

调频声呐实验成功让洛克伍德感觉到"胜利的喜悦"。洛克伍德后来在他的回忆录中写道："我可以打赌——我买到了职业生涯中的蓝筹股——调频声呐的能力为我们打开了让我们的潜艇在布满水雷的水下生存的大门。"随着装有调频声呐设备的潜艇陆续出现，洛克伍德认为推动高层进行新的作战行动的时候已经到来了。

巴尼行动

1944年12月3日，洛克伍德向美国海军司令欧内斯特·J.金海军上将（Admiral Ernest J. King）提交了一份名为"在日本海上巡航"的备忘录。在备忘录中，洛克伍德提出日本海有足够多的作战目标，改进后的调频声呐令潜艇具备了以最小的代价穿过位于日本海南部的对马海峡（Tsushima Strait）的能力——对马海峡虽然只有40英里宽，但布满了水雷。太平洋上的洋流也对行动有利：有一股名为"黑潮"的洋流正好通过对马海峡，流入日本海，然后继续向东北，通过宗古海峡，与"亲潮"相遇，汇入东向的北太平洋洋流；美军潜艇可以利用这股洋流。当月月底金将军就批准了洛克伍德的计划，但加州大学战争研究部实验室和太平洋舰队指挥部都明白，调频声呐仍需继续改进，以其现有技术无法真正投入实战。在1945年2月提交的一份评估报告上，还出现了"现阶段还不能认为调频声呐在操作上是可靠的"

的结论。这份报告被沮丧的洛克伍德压下了，转而督促装有调频声呐的潜艇继续进行训练，甚至亲自上阵操作设备。洛克伍德的努力并没能获得回报，当洛克伍德向太平洋舰队司令尼切斯特·W.尼米兹海军上将（Admiral Chester W. Nimitz）报告，申请派出安有调频声呐的潜艇到日本海巡航的时候，尼米兹拒绝了他的申请。

1945年春天，形势开始朝着有利于洛克伍德一方发展。加州大学战争研究部实验室加快了改进调频声呐技术的步伐，洛克伍德手里有了更多潜艇，如"飞鱼"号（USS Flying Fish，编号SS–229）、"溜冰"号、"北梭鱼"号（USS Bonefish，编号SS–223）、"马鲹"号（USS Crevalle，编号SS–291）和"海狗"号（USS Sea Dog，编号SS–401）等。这些潜艇都安装了可以投入实战的调频声呐设备，更多的美军潜艇围绕对马海峡入口，对布满水雷的海域进行了侦察。他们反馈了很多有价值的情报，其中包括日军在对马海峡附近的水下布下的4条水雷带的具体位置。

3月底4月初，洛克伍德挑选了一名有丰富实战经验的老兵——威尔海姆·"巴尼"·西格洛夫（William 'Barney' Sieglaff），担任行动指挥。行动代号也因此成了"巴尼行动"。西格洛夫是一位安静而又足智多谋的指挥官，在很多重要战斗中都起到了关键的作用，他曾经指挥"蚝隆头鱼"号（USS Tautog，编号SS–199）与"鲤鱼"号（USS Tench，编号SS–417）执行过7次巡航任务，宣称击沉了15艘敌船，其中有13艘战绩在战后得到了确认。

根据长时间以来收集到的巡航、潮汐、洋流以及雷场等方面的信息，洛克伍德和沃格尔为行动选定了路线，路线的起点是对马海峡。对马海峡是"黑潮"流入日本海的入口，潜艇可以借助"黑潮"的力量通过对马海峡，进入日本海。装有调频声呐的潜艇也可以依据手上掌握的水雷带分布图来避开日军布下的水雷。在完成日本海的狩猎任务后，潜艇可从日本海北部的宗古海峡撤走。宗古海峡是"黑潮"的出口，由于该海峡当时正处于尚处于中立的苏联的控制下，日本人不可能在那里布雷。

"巴尼行动"开始的时间定在1945年5月27日，有9艘潜艇参加行动，每艘潜艇都安有调频声呐系统。参加行动的潜艇代号"悍妇"（Hellcat），潜艇按三艘一组被分为TG17.21、TG17.22、TG17.23三个分队："海狗"号、"马鲹"号，"锹鱼"号组成TG17.21作战分队，代号"爵士乐手"（Hepcats），指挥官是西德曼（Hydeman）；"飞鱼"号、"弓鳍鱼"号（USS Bowfin，编号SS–287）、"媞娜莎"号（USS Tinosa，编号SS–283）组成TG17.22作战分队，代号"山猫"（Bobcats），指挥官是里瑟尔（Risser）；"金枪鱼"号（USS Tunny，编号SS–282）、"溜冰"号、

"北梭鱼"号组成 TG17.23 作战分队，代号"臭猫"（Polecats），指挥官是皮尔斯（Pierce）。"海狗"号的船长厄尔·西德曼（Earl Hydeman）全权负责前线指挥。

"悍妇"们要在 6 月 4 日、5 日、6 日三天穿过对马海峡，进入日本海。之后，三个作战分队要分别在以下区域巡航：TG17.21 在本州（Honshu）西北沿岸巡航；TG17.22 在本州（Honshu）与九州（Kyushu）西南部沿海巡航；TG17.23 将沿着韩国（Korea）东岸，从对马岛（Tsushima Island）到西伯利亚南岸（Siberia）巡航。行动将在 6 月 24 日结束，三个作战分队会在通过宗古海峡后集结，一起返回基地。

5 月中旬，参战的"悍妇"准备完毕。虽然此时潜艇安装的调频声呐还有待改进，但洛克伍德和他的潜艇部队都相信现有的调频声呐技术已经能够令他们完成任务了。1945 年 5 月 27 日，"爵士乐手"分队从关岛（Guam）的阿普拉港（Apra Harbor）出发，驶向日本海；"臭猫"分队在第二天出发，"山猫"分队则在 5 月 29 日出发。穿越太平洋的过程中，"悍妇"们的行动都很平静，只有"媞娜莎"号发生了一段小插曲。6 月初，洛克伍德命令"媞娜莎"号在日本海岸外 600 英里处搜救一架坠毁的代号为"摩天楼 I 号"（Skyscraper I）的 B-29 飞机，"媞娜莎"号很快就找到并救起了 B-29 上的 10 名成员。当飞行员们得知"媞娜莎"号要前往日本海，他们坚决要求返回救生艇，因为他们更喜欢搭乘在开阔海域航行的船只。幸好后来找到了一艘返回基地的潜艇，这个问题才得以解决。

1945 年 6 月 4 日刚过午夜，"爵士乐手"成为第一个到达对马海峡入口的作战分队。"海狗"号作为旗舰行驶在最前面，当它到达第一道水雷封锁线的时候，艇上的调频声呐出现了故障，只能收到模糊的"斑点"，"地狱钟声"也很模糊。但"海狗"号没有理会这些问题，依旧航行在编队的最前面，最后奇迹般地躲过 4 道水雷防线。另外两艘潜艇跟在"海狗"后面，依次穿过对马海峡。6 月 4 日夜，经过 20 个小时紧张的水下航行，3 艘潜艇在水面集结，然后向他们的预定目标本州岛北部沿海地区驶去。

6 月 5 日夜间，"臭猫"分队穿越对马海峡。"金枪鱼"号排在第一位，它的行动非常顺利，调频声呐也运行正常。"北梭鱼"号排在后面，行动也很顺利。在轮到"溜冰"号的时候，却出现了麻烦。"溜冰"号经过一小时的潜行，终于安全穿过第一道封闭线，但是在穿越第二道封锁线的时候，进入了水雷密集区。这里的水雷间距只有 50 码，不到潜艇长度的一半。为了避开水雷，"溜冰"号只能缓缓前行，这时"溜冰"号上的水手们突然听到潜艇外壳发出了一个令人不安的金属摩擦声——

这个声音通常意味着潜艇刮上了固定水雷的钢缆。如果水雷的钢缆挂上了潜艇的前平衡翼或是甲板上的建筑，水雷就会被潜艇从钢缆上拉下来，将"溜冰"号炸得粉碎。"就是这个声音"，一名水手说，"就是这个"。"溜冰"号上的水听器操作员阿尔伯特·奥卢夫森（Albert Olufsen）将仪器的音量开到最大，让同事们可以听得更清楚。"他们的脸都变白了"，奥卢夫森回忆。水手们一边屏住呼吸，一边听着潜艇继续刮着钢缆前进的声音。惊心动魄的几分钟后，令人恐惧的声音消失了，"溜冰"号成功穿过水雷区。

6月6日，该"山猫"分队穿越海峡了。第一艘穿过海峡的潜艇是"飞鱼"号，"飞鱼"号的穿越很顺利。接下来是"弓鳍鱼"号，和"溜冰"号一样，"弓鳍鱼"号也碰上了水雷密集区。为了躲开水雷，"弓鳍鱼"号的指挥官亚历克·泰里（Alec Tyree）站在指挥塔上，一边举着潜望镜，仔细观察水面，一边听着铃声，在密密麻麻的水雷中寻找前进的路线。"弓鳍鱼"号最终穿过海峡，事后泰里回忆，这段行程"对精神和体力都是巨大的消耗"。

最后一艘进行穿越的是"媞娜莎"号。与"弓鳍鱼"号和"溜冰"号相比，"媞娜莎"号碰到的麻烦更大。在穿越海峡的过程中，"媞娜莎"号陷入日军设下的用来诱捕潜艇的水雷阵中。更糟的是，"媞娜莎"号的指挥官理查德·莱瑟姆（Richard Latham）因为长时间待在指挥塔上，感到有些困乏，于是听从了副手哈维·J. 史密斯（Harvey J. Smith）中尉的建议，在进入海峡前就去休息了。莱瑟姆睡去后的某一时刻，"媞娜莎"号上的"地狱钟声"突然响起，显示屏上也出现了绿色的梨形回波。"水雷！"留在指挥塔里的史密斯和艇上声呐员跳起来将显示屏包围，在"媞娜莎"号的舰首两侧都出现了绿色的斑点。史密斯知道，这不是鱼群，不是海带，而是水雷群！在好不容易绕过了这群水雷之后，调频声呐显示前面出现了规模更大的水雷群。史密斯别无选择，只好指挥"媞娜莎"号向水雷群前进。"媞娜莎"号在密密麻麻的水雷中前行，潜艇外壳响起了"诡异的声音"，这是固定水雷的钢缆与潜艇外壳摩擦的声音。史密斯依旧别无选择，如果"媞娜莎"号离开这根钢缆，水流也会将"媞娜莎"号冲向别的水雷附近。"媞娜莎"号上的机械师马特·唐·皮尔逊（Mate Don Pierson）回忆，因为摩擦所产生的静电，"媞娜莎"号艇内已经到了"如果你把一枚硬币丢到桌上，它就会飞到天花板上"的程度。因为恐惧，潜艇内部鸦雀无声。钢缆划过后机舱，那里有潜艇附带的水上飞机和螺旋推进器，这些东西随时可能将水雷挂下来。此时，水手们已经在估计会在什么时候听到水雷发

▲ 洛克伍德少将策划让9艘"卡特"级与"巴拉奥"级（包括上图所示的"海狗"号）具有调频声呐探寻设备的潜艇穿过密布水雷的对马海峡，进入日本海。在对日方船只实施灾难性的打击之后，从宗古海峡撤走。

出爆炸声了。突然，"吱吱声停止了"，钢缆带着飞机消失在"媞娜莎"号的身后。当指挥官莱瑟姆出现在指挥塔的舱口盖上方时，危险已然过去。"一切正常吗？"莱瑟姆问史密斯，"只有几枚水雷，艇长，如果您能允许，现在我想去休息一会儿。"史密斯回答说。

在日本海上狩猎

在"媞娜莎"号穿过对马海峡后，9艘潜艇就都已成功来到日本海。潜艇来到各自的指定位置，开始在日本海上狩猎，准备为"刺鲅"号报仇。

6月9日，"媞娜莎"号发现了"悍妇"的第一个猎物。6月9日下午，"媞娜莎"号在其指定作战区域的韩国沿海发现了一艘运输船——"若松丸"号（Wakatama Maru）。"若松丸"号是一艘新下水的货轮，排水量2200吨，由现代化的三级膨胀发动机和帕森斯的涡轮发动机提供动力，航速12节。"若松丸"号此时正向韩国的港口驶去，准备在那里卸下矿石、大米等货物。突然，"若松丸"号的船体发生了巨大的爆炸，浓烟伴随着轮机碎片像火山爆发一样从甲板上喷薄而出。一枚鱼雷击中了该船的中间部分，将其分成了两半。船首和船尾在水中稍一停顿后，就沉入大海。 一时间水面漂浮着各种货轮的零件和满身油污、正在挣扎的船员。理查德·莱瑟姆没有理会这些人，命令"媞娜莎"号离去。

同一天，"马鲛"号也在北日本海击沉了两艘运输船，"海狗"号也摧毁了一艘商船与一艘油轮。当天夜里，美军设在珍珠港的监听站发现日军电台变得活跃，日军已发现有船只被美军潜艇击沉，开始调动反潜部队前往事发海域。这一切都表明"悍妇"已经开始活动，得到报告的洛克伍德中将不由得点燃一支雪茄，深深地吸了一口。

在接下来的几天里，"悍妇"们就像是海中的猎人，在日本海上游曳，将碰到的日本船只变成沉舰。"海狗"号的行政军官詹姆斯·林奇中尉（Lieutenant James P. Lynch）将他们的狩猎行动形容为"这就像是在用枪打鱼"。

6月9日夜，"金枪鱼"号、"溜冰"号与"北梭鱼"号来到本州附近海域。"金枪鱼"号围绕着若狭湾（Wakasa Wan）附近海域行动，"溜冰"号与"北梭鱼"号则在能登半岛（Noto Peninsula）附近活动。

6月10日早晨，"溜冰"号在能登半岛以西海域发现了一艘鱼雷艇，"溜冰"号躲开了它。突然，"溜冰"号观察员在平静的海面上发现一个黑色的方形物体，还有一门机枪和潜望镜露出水面。

这是一艘日军潜艇！"溜冰"号马上动员起来。

11:30，15或20度左转，右满舵。

11:44，4枚鱼雷齐射，目标伊–122（伊–122是根据战后的记录确定）。

在"溜冰"号射出的四枚鱼雷中，有两枚击中潜艇的中部，巨大的潜艇还没来得及爆炸、冒浓烟就沉没了，水面出现了一个巨大的"嘶嘶"作响的气泡，接下来出现的是一摊浮油和潜艇在水下解体的声音。他们击沉了一艘日军潜艇！

"溜冰"号的水手们对击沉日军潜艇伊–122这一战绩流露出比较冷静的态度。"我们突然认识到击沉这艘潜艇的是'溜冰'号"，通信军官比尔·伯林（Bill Burlin）后来回忆，水听器操作员阿尔伯特·奥卢夫森则说"这是神的恩典"。

"悍妇"们的猎物不只是日本船只，在宗古海峡附近巡航的"锹鱼"号就在无意间闯下了大祸，差点酿成外交事件。

6月13日夜，"锹鱼"号在库页岛南端以西约50海里的地区巡航时，艇上的雷达发现了两艘没有灯光的船。由于此处受苏联和日本共同控制，"这两艘船来自日本，还是苏联"这个问题因此摆在了"锹鱼"号指挥官格尔默松森（Germershausen）

的面前，而他只能靠常识来判断。两艘船都没有护航，但当时在日本海附近航行的日本船只基本上也没有护航。如果是苏联的船只，按照《国际法》的规定，未对日宣战的苏联需要使用大量灯光来表明其中立国的身份，但这两艘船都没有灯光。而且苏方船只在通过日本海时才需要按照规定走宗古海峡到海参崴（Vladivostok）的规定航线，这两艘船显然也没有在规定航线上行驶。为了能够识别对方身份，格尔默松森爬上了被烟雾包裹的船桥，试图寻找船上的灯光，但他什么也没看见。最后格尔默松森认为这是一艘来自日本的船，于是下达了"让我们来结果它，然后再对付下一个"的命令。"锹鱼"号发射的鱼雷击中了第一艘船，该船盘旋、失控，最后沉入大海。

几个小时之后，洛克伍德从一系列电报中得知，"锹鱼"号击沉了苏联客货混装船"穿波罗的海"（Transbalt）号。"穿波罗的海"号排水量11439吨，船上共有99人，其中5人死亡，94人获救。苏联方面是从被该地区的日军巡逻艇救起的幸存者口中得到这条消息的，日本的官方新闻机构更是在第一时间就通过广播宣布是美国潜艇击沉了"穿波罗的海"号。在莫斯科的美国海军武官确认了这条消息，并将苏联人的抗议转交给了尼米兹。为了不让苏联和日本知道美国海军潜艇正在日本海巡航的消息，尼米兹和金将罪责推给了日本，咬定此事是日军潜艇所为。虽然苏联政府并不相信，但他们需要美国的援助，最后还是选择了相信美国的说法。

在经历了15天的"狩猎"之后，行动指挥官西德曼认为，突入日本海的行动取得了巨大的成功。他们以这次成功的行动向世人展示了潜艇可以执行更多艰巨的任务，并且能在未来战争中发挥更重要的作用。6月21日，西德曼发出命令，要求所有潜艇在宗古海峡外的预定集结地集合，一起返回基地。但6月23日当日，西德曼并未在预定集结地发现"北梭鱼"号的踪迹。西德曼带领潜艇在北海道附近海域等待了多日，始终一无所获。事后，美国海军派出多批部队四处寻找，并在7月30日宣布"北梭鱼"号失踪。

战后，根据日军的作战记录，"北梭鱼"号被证实已沉没。6月19日，富山湾附近海域有一艘排水量为5488吨的货船"金山丸"号（Konzan Maru）被鱼雷击中沉没。为该船护航的日军部队向攻击者发动了疯狂的反击。战斗结束后，护航船报告称在海面上发现了潜艇的残骸与浮油。这艘遇袭沉没的潜艇正是"北梭鱼"号。

6月24日日出之后，在宗古海峡以西海域，八艘潜艇纷纷浮出水面。很快，八艘潜艇就以四艘一列的队形分作两列，在"马鲹"号的带领下，以21英里每小时的速度向东前进。它们要穿过宗古海峡，返回位于珍珠港的基地。经过一天的潜航，"悍妇"们开始接近宗古海峡，此时海面出现了浓雾。一路上，西德曼都在尝试联系失踪的"北梭鱼"号，他甚至向洛克伍德申请再给他48小时等待"北梭鱼"号归来。但是现在，西德曼必须做出是否马上返回基地的决定。

西德曼还是决定在6月25日返航。修好了电台的"海狗"号从"马鲹"号的手上接回了指挥权，带领"悍妇"们从多艘日军舰艇身边悄悄绕过，向宗古海峡驶去。它们并不知道距离返航路线不远的几海里处，就是"刺鲅"号的水下墓园。6月26日早上，"悍妇"们成功通过宗古海峡，向着珍珠港驶去。

7月4日与5日，"悍妇"的两支编队分别返回珍珠港，受到了热烈欢迎。尼

▲ 1945年7月5日，太平洋舰队潜艇部队司令查尔斯·A. 洛克伍德海军中将（画面中间）向"媞娜莎"号潜艇的指挥官理查德·莱瑟姆中校（画面左侧）表示祝贺。这是莱瑟姆指挥"媞娜莎"号潜艇第十一次执行在日本海域的巡航。理查德·莱瑟姆向洛克伍德汇报了本次巡航的战绩：击沉了4艘日本船只，重创了1艘。洛克伍德的参谋长梅里尔·康斯托克准将（画面右侧）站在一边。

米兹上将亲自登上每艘潜艇，与每名水手握手以示祝贺。洛克伍德与他的全体参谋都跑上了码头，迎接"悍妇"返航。海军的女护士们也跑上码头，还有铜管乐队演奏歌曲。在一系列欢迎仪式与庆祝宴会结束后，洛克伍德马上要求派遣更多的潜艇到日本海执行"狩猎"任务，但洛克伍德的复仇行动没能继续下去——在"悍妇"返回珍珠港一个月后的1945年8月6日与8月9日，美国在日本的广岛与长崎投下了两枚原子弹。日本在8月15日宣布投降，战争就这样结束了。

曲终人未散

单从战绩上看，"巴尼行动"取得了辉煌的成绩。尽管出现过技术问题，但大

▲ 参加"悍妇"行动的潜艇返回珍珠港后，美国海军举行了盛大的庆祝活动。每一艘潜艇（包括照片中的"媞娜莎"号）都在潜艇尾部挂上了日本国旗，代表其击沉的日本船只数量。

^1945年7月，两艘"悍妇"停在码头：从里到外分别是"飞鱼"号、"锹鱼"号。

‹ "飞鱼"号潜艇与其他潜艇一起编队,返回珍珠港。1945年7月1日—4日,夏威夷。

▲ 参加"悍妇"行动的潜艇停靠在码头,从内到外分别是:"飞鱼"号和"锹鱼"号,1945年7月。

▲ 三艘参加"悍妇"行动的潜艇并排停靠在码头，从内到外分别是："飞鱼"号、"锹鱼"号和"弓鳍鱼"号，1945年7月。

∧ 1945年7月4日，从"锹鱼"号上俯拍"缇娜莎"号。这两船都是执行完巡航任务返回珍珠港基地的，它们都在桅杆上挂上了日本国旗，以表明自己的战绩。

∧ "飞鱼"号、"锹鱼"号、"缇娜莎"号、"溜冰"号的船员齐聚在各自潜艇的甲板上。1945年7月。

▲ 1945年7月4日，洛克伍德登上"飞鱼"号，祝贺"飞鱼"号成功执行第十二次巡航任务。"飞鱼"号也参加了"巴尼行动"。照片的军官左起：里瑟尔、西格洛夫特、洛克伍德与康斯托克。

多数潜艇上安装的调频声呐都表现良好。此次行动中，新技术的应用、周密的计划、训练有素的战斗人员、性能可靠的潜艇帮助"悍妇"们击沉了 28 艘日本船只，其中包括 1 艘潜艇和 1 艘驱逐舰，总吨位共计 57508 吨。当然"巴尼行动"也付出了一些代价，损失了"北梭鱼"号潜艇及艇上的 85 名成员与苏联的"穿波罗的海"号客货混装船及船上的部分水手。

洛克伍德对"巴尼行动"所取得的成功感到骄傲，他曾在 1955 年出版的《海上"悍妇"："巴尼行动"及在日本海上的作战任务》（Helllcats of the Sea:Operation Barney and the Mission to the Sea of Japan）一书中这样描绘任务结束时他的心情："我感觉到'悍妇'们无畏的精神与戴德利·莫顿、'刺鲅'号一起与我们同在，此时我向尼米兹报告胜利的消息"，"现在，我可以既悲伤又骄傲地说：'"刺鲅"号，上帝与你同在！'"

但在战后评论家们对"巴尼行动"的讨论一直没有结束，有些评论家认为这次行动没有战略价值，甚至连"巴尼行动"的参加者都持有相同的质疑。在进入日本海作战两周年的这一天，参战的"马鲛"号潜艇艇员举行过一次纪念仪式。在仪式上，出现了一个大蛋糕，上面写着"这是必要的吗？"很难说参加"巴尼行动"的其他成员没有这种想法。

　　作为"巴尼行动"的指挥官，洛克伍德中将对这些质疑采取了坚决的反击，"一个耗费了差不多两年时间进行准备的任务，现在却被批评了差不多10年"，他写在书中写道，"在1945年那些令人窒息的日子，我感觉到更多的力量，这是必须且极其重要的"。

　　1957年，美国哥伦比亚电影公司根据洛克伍德的回忆录《海上"悍妇"》拍摄了同名电影。值得一提的是，主演该片的男、女主角分别是后来的美国总统罗纳德·里根（Ronald Reagan）和他的妻子——"第一夫人"南希·戴维斯（Nancy Davis）。这部片子是里根夫妻的第一次合作，也是他们最后一次合作。退役后的洛克伍德也作为编剧，参与了该片的制作，还出演了一个群众角色。

　　现在战争结束已经几十年了，战争的参与者大多去世或年逾古稀，战争的悲喜早已烟消云散。作为旁观者，我们终于有机会冷静地重新评价这次行动。

　　在2010年出版的《悍妇：第二次世界大战中最勇敢的潜艇突击队的史诗故事》（Hellcats: The Epic Story Of World War II's Most Daring Submarine Raid）一书中，作者彼德·萨斯根（Peter Sasgen）得出了与洛克伍德不同的结论。萨斯根认为"巴尼行动"虽然摧毁了28艘日本船只，共计57508吨，但依旧还有其他船只在日本近海活跃，需要更多类似"巴尼行动"这样的行动才能将其全部铲除。调频声呐耗费了大量的人力、物力，"巴尼行动"所取得的成果不能抵消这些消耗。更何况在"悍妇"们返回珍珠港的一个多月之后，美国在广岛与长崎投下了原子弹，战争在几周内结束。在书中，萨斯根写道："我虽然肯定'悍妇'潜艇官兵所展现出来的勇气与献身精神，但'巴尼行动'这种在日本近海袭击日本船只来为莫顿和'刺鲅'号报仇的行动并没有多大价值"，"特别是还要损失'北梭鱼'号"。

　　在仔细分析洛克伍德的心理之后，我们不难发现，他做出实施"巴尼行动"的决定是有其自身道理的。首先，"巴尼行动"可以打击日军的士气与日本领导人的信心。洛克伍德试图通过这一行动向日军表明："只要战争没结束，我们就可以穿过雷区进入日本海作战"，他们的船只将无处可逃。其次，"巴尼行动"

也有其政治考量。当时，苏联存在对日宣战的可能性，洛克伍德不想让苏联人进入日本海。最后，实施"巴尼行动"也的确有洛克伍德的个人感情因素在里面。马什·莫顿被洛克伍德认为是他手下最优秀的潜艇指挥官，为莫顿复仇让洛克伍德上瘾，就像他每天习惯抽三包烟一样。而这一点，恰恰是洛克伍德决定实施"巴尼行动"的最关键因素。

"巴尼行动"的意义不仅限于在日本沿海打击了日本船只，还取得了一个无可争辩且影响深远的成果——调频声呐的诞生与应用。调频声呐技术在1942年诞生之初还只是一台由电线、管子、开关组成的试验性仪器，在经过数十年的进化发展后，已然成为一种精密的电子搜索工具——今天的反潜部队需要利用装有调频声呐的声呐浮标去侦察敌方船只；捕鱼人也需要使用调频声呐来搜寻鱼群；基于调频声呐技术发明的手持式障碍识别系统为视障人士提供了便捷行动的可能；多通道侧向扫描声呐已经革命性地改变了海底地图与海底标志物。

"刺鲅"号的最后归宿

最后，再交代一下"刺鲅"号。

战后很长一段时间，人们只知道"刺鲅"号长眠在日本北海道与苏联库页岛之间的宗谷海峡。1995年，一个由美国、澳大利亚、日本、俄罗斯的搜索人员组成的"刺鲅"号项目组（Wahoo Project Group）在莫顿一位亲属的带领下，对"刺鲅"号沉没的相关海域进行了搜索。一名为"刺鲅"号项目组工作的日本海上自卫队的军官在研究了相关历史文件后，准确地推算出"刺鲅"号的沉没地点。2005年与2006年，美国与俄罗斯的团队对该地点进行了搜索，找到了更多的证据。2006 年 10 月 31 日，美国海军根据俄罗斯搜索队传回的图像，确认了"刺鲅"最终的归宿："刺鲅"号沉没在宗古海峡距离北海道以北 12 英里水下 213 英尺（65 米）处。从传回的图像可以看出，"刺鲅"号的指挥塔被航空炸弹直接击中，"该艇从龙骨到指挥塔都遭到严重的损坏"。2007 年 7 月 8 日，美国海军借与俄罗斯海军在附近海域进行联合军演之机，为"刺鲅"号牺牲的艇员们举行了一个献花仪式，"刺鲅"号将在这里进行"永远的巡航"。

▲ "刺鲅"号沉没的地理位置示意图。

▲ 道格拉斯·麦卡内尼海军少将在美国海军第七潜艇大队组织的"刺鲅"号纪念仪式上，向"刺鲅"号长眠的海域抛下了鲜花。

➤ 2007年7月8日，宗古海峡，美国海军在潜艇支援舰"弗兰克·凯布尔"号上为"刺鲅"号举行献花仪式。"刺鲅"号在1943年10月沉没。2006年6月，来自俄罗斯的潜水员发现了"刺鲅"号的残骸。

战争事典
热兵器时代

◎ 专注二战及近现代军事热点内容，涵盖陆、海、空三大战场的战史、兵器、人物、技术
◎ 众多历史、军事作家实力加盟，持续吸收国内外军事研究成果

001 1940 年阿登战役、日军战机"战后测试"、法国一战计划
神话与真相：日军战机的"战后测试"
最后的颜面胜利：日本海军"礼号作战"纪实
化身鸵鸟的高卢鸡：1940 年的阿登之战
霞飞、"进攻崇拜"和 17 号方案：一战时期法国的战争计划及准备
最佳应急品：太平洋战争中的美国轻型航母
东南亚空战：初期的越南战争

002 1940 年色当战役、F6F"地狱猫"
王牌制造机的骄傲：二战美军 F6F"地狱猫"王王牌
突破口：1940 年色当之战
"全甲板攻击"的巅峰与涅槃：美国海军"埃塞克斯"级航空母舰
东南亚空战：约翰逊的战争

003 《狂怒》原型、二战美国海军雷达防空、普洛耶什蒂大轰炸
铜墙铁壁：二战美国海军的雷达防空
进击的巨浪：普洛耶什蒂大轰炸
"狂怒"的星条旗：二战中的美军王牌坦克手与坦克指挥官
东南亚空战：高潮岁月

004 狮鹫计划、美国军用流通券、二战意大利伞兵
折翅的"狮鹫"：希特勒的奇想破灭细考
美国军用流通券概览
天降闪电：二战意大利伞兵
从"全甲板攻击"到"大型特混舰队"：二战美国航母战术的升华
"悍妇"出击：美军潜艇在日本海的冒险行动

预告

005 跳马行动、意大利潜艇印度洋战记
德国在二战期间对东南欧国家和巴尔干地区的介入
鹰啸德瓦尔：1944 年跳马行动纪实
意大利潜艇印度洋战记
维捷布斯克之虎：二战德国装甲王牌阿尔贝特·恩斯特战记
铁路与美国内战

006 西西里杰拉登陆战、华沙装甲战、"约翰斯顿"号在萨马岛
魏玛共和国末期的军国主义与和平主义
格鲁曼最后的活塞战斗机：F8F"熊猫"
踏上欧洲的土地：1943 年 7 月 9 日—12 日西西里杰拉登陆战
钢车铁甲战华沙：1944 年华沙城下的装甲战
天河流星：Me 163 火箭战斗机技战史
我自横刀向天啸：美国驱逐舰"约翰斯顿"号萨马岛纪事
晨曦中倒下的斗士：美军第 3 装甲师师长莫里斯·罗斯少将小记